François et Roch-Sylvain Thériault

LES FILS DE MOÏSE
Frères de sang

LES ÉDITIONS LA SEMAINE
2050, rue de Bleury, bureau 500
Montréal (Québec) H3A 2J5

Vice-président éditions secteur livres : Claude Rhéaume
Directrice des éditions : Annie Tonneau
Directrice artistique : Lyne Préfontaine
Coordonnatrice aux éditions : Françoise Bouchard

Directeur des opérations : Réal Paiement
Superviseure de la production : Lisette Brodeur
Assistante-contremaître : Joanie Pellerin
Infographistes : Marylène Gingras, Mari-Josée Lessard
Scanneristes : Patrick Forgues, Éric Lépine
Réviseurs-correcteurs : Marie Théoret, Luce Langlois

Photos de couverture : Philippe Casgrain, photographe, Presse Canadienne

Les propos contenus dans ce livre ne reflètent pas forcément
l'opinion de la maison d'édition.

Par souci de discrétion, certains noms ont été changés afin
de préserver l'anonymat des personnes concernées.

Toute reproduction, par quelque procédé que ce soit,
est interdite sans l'autorisation du titulaire des droits.

Remerciements
Gouvernement du Québec — Programme du crédit d'impôt
pour l'édition de livres — Gestion SODEC.

L'Éditeur bénéficie du soutien de la Société de développement
des entreprises culturelles du Québec pour son programme d'édition.

© Charron Éditeur Inc.
Dépôt légal : Troisième trimestre 2009
Bibliothèque et Archives nationales du Québec
Bibliothèque et Archives Canada
ISBN : 978-2-923501-81-9

François et Roch-Sylvain Thériault

LES FILS DE MOÏSE
Frères de sang

Propos recueillis par Marianne Boire

ÉDITIONS
LASEMAINE

Introduction

Nous, Roch-Sylvain et François, sommes frères. Deux frères unis non seulement par le sang, mais par un terrible passé. Car nous sommes les fils aînés du plus cruel gourou que le Québec ait connu : Moïse Thériault. Pendant de nombreuses années, nous avons vécu sous son emprise, avant de parvenir à nous en libérer.

Notre enfance a été marquée par la violence, la brutalité et la sauvagerie, et aussi par la folie religieuse de notre père. À jamais, nous en conserverons les cicatrices. Mais, avec le temps, nous avons tout de même réussi à transcender ce douloureux passé. L'écriture de ce livre représente l'ultime étape d'une démarche de résilience qui s'échelonne sur plus de vingt ans.

Ce n'est ni l'aigreur ni la vengeance qui motivent la rédaction de ce récit. Nous souhaitons partager notre histoire, d'une part pour nous en affranchir, mais aussi pour faire en sorte que de tels drames ne se reproduisent plus. Pour que la société protège ses enfants contre les abus de désaxés cruels et sanguinaires. Pour que de tels criminels ne puissent plus jamais tyranniser des êtres sans défense.

Et pour que désormais, nous puissions, sans honte, porter nos noms : Roch-Sylvain et François Thériault.

CHAPITRE 1
La fuite

Été 1987

FRANÇOIS

Ce jour-là, j'ai compris que nous avions atteint une limite que jamais mon frère et moi ne serions prêts à franchir. Après nous avoir persécutés de mille et une façons, et entraînés dans ses délires les plus fous, mon père souhaitait maintenant assister au spectacle d'un combat sanglant entre ses deux fils.

« Je veux vous voir vous battre comme deux montagnes, comme deux ours enragés ! » nous avait-il ordonné. Tremblants de peur, nous avons dû nous déshabiller pendant qu'il dressait les bornes d'un ring de boxe dans la bâtisse principale de notre petite communauté. Il avait accepté que nous conservions nos sous-vêtements, mais c'était le seul compromis qu'il était prêt à faire. Pour le reste, nous devions lui obéir au doigt et à l'œil. Comme d'habitude.

Déjà bien éméché, notre père avale une nouvelle rasade de cognac avant d'annoncer le début du match. Sans grande conviction, nous commençons à nous frapper à l'abdomen et aux épaules, tout en nous ménageant mutuellement. Dans mon for intérieur, je tremble à l'idée qu'il s'aperçoive du subterfuge, car je sais que sa vengeance sera terrible.

« Plus fort ! Frappez-vous au visage ! » hurle-t-il comme un dément. Nous poursuivons notre combat en multipliant les coups aux épaules et aux pectoraux, mais sans être capables de se frapper au visage. Je sais que mon frère se trouve dans le même état d'esprit que moi et que tout comme moi il ne sait pas comment mettre fin au combat sans susciter la furie de notre père.

« Je vais vous montrer comment on fait ça ! » rugit notre père. Puis, s'adressant brutalement à une de ses neuf épouses, il lance : « Angèle, va chercher la trousse de premiers soins. » Tandis qu'elle s'exécute, notre père engloutit plusieurs autres gorgées de cognac pour ensuite sauter dans le ring et foncer directement sur Roch-Sylvain qu'il se met à frapper sauvagement au visage. Tétanisé, j'assiste à la scène sans réagir. Soudain, je vois mon père se retourner dans l'intention de me frapper à mon tour. Je réussis à esquiver le coup. Au même moment j'entends mon frère s'écrier : « Moi, je crisse mon camp d'icitte ! » et je le vois prendre ses jambes à son cou. Sans plus réfléchir, je saute à l'extérieur du ring et me précipite dehors pour rejoindre mon frère dans la forêt. Nous courons à perdre haleine. Je n'ose regarder derrière moi. C'est maintenant ou jamais : il faut fuir. Pieds nus sur la terre froide, nous nous enfonçons dans les bois. Au loin derrière, nous entendons la voix moqueuse de mon père : « Salut, Aaron, salut, Malachie ! À la prochaine ! »

Ce que notre père ne sait pas encore, c'est qu'il n'y aura pas de prochaine fois. Nous venons de le quitter définitivement.

CHAPITRE 2
Une vie de famille normale

Automne 1974

ROCH-SYLVAIN

Quel grand jour aujourd'hui! Nous allons visiter la nouvelle maison que papa a fait construire pour nous loger tous les quatre: papa, maman, François et moi. Que j'ai hâte d'y entrer, dans cette belle grande maison de bois, dessinée par mon habile et créatif papa. Ça fait si longtemps que nous en rêvons tous. Je ne peux pas croire que cette journée est finalement arrivée!

Pour héberger notre nid familial, papa a choisi un terrain à moins d'un kilomètre de la terre où il a grandi, sur le rang A, tout près du petit aéroport qui dessert la communauté de Thetford Mines. L'emplacement est idéal, car nous allons vivre à proximité de nos grands-parents Thériault et de la famille de notre oncle. On va pouvoir s'amuser avec tous nos cousins et cousines!

Cela fait quelques années déjà que nous habitons à Thetford Mines. Mon père a décidé de revenir s'y installer peu après la naissance de mon frère François. Thetford Mines, c'est une petite ville particulière, perdue au beau milieu d'un paysage de désolation, en raison des mines d'amiante, principal moteur économique de la région. Ce genre d'exploitation minière, à ciel ouvert, a créé de gigantesques cratères coniques; nous pouvons voir au fond de certains d'entre eux des nappes d'eau d'un turquoise éblouissant. Le décor est tellement dévasté qu'on pourrait presque se croire sur la Lune!

Plusieurs fois par jour, nous ressentons les secousses provoquées par le dynamitage, que précède le son strident d'une puissante sirène. Pour les visiteurs, c'est assez surprenant, mais pour les habitants de la ville, cela fait partie du quotidien et plus personne n'y prête vraiment attention.

Mon frère et moi, nous n'avons connu que la vie en appartement, mais cette fois, ça y est! Papa ouvre la porte de notre maison! Nous courons à l'intérieur en hurlant de joie. Dès notre entrée, nous remarquons un spacieux salon, avec un grand foyer de pierres. En plein centre de la pièce est suspendu un immense lustre en bois, une autre œuvre de papa. Poursuivant notre exploration du rez-de-chaussée, nous découvrons un peu plus loin une belle cuisine, une salle de bain, et une chambre d'amis. Les deux chambres principales, celle de nos parents, ainsi que la nôtre, à François et moi, sont à l'étage. À la droite de la chambre des maîtres, une porte ouvre sur un balcon qui permet de contempler un magnifique panorama. François et moi, nous sommes aux anges. Comme nous serons heureux ici!

***

FRANÇOIS

Notre père s'appelle Roch Thériault. Originaire de la région du Saguenay, il a toutefois vécu principalement à Thetford Mines où ses parents ont déménagé quand il était encore tout jeune. Garçon très intelligent, mais aussi doté d'un très fort caractère, il a quitté l'école dès l'âge de 14 ans, pour gagner sa vie par lui-même. Il a toutefois poursuivi son éducation en autodidacte, en apprenant l'anglais seul et en multipliant ses lectures personnelles.

Lors de sa rencontre avec Francine, notre mère, au cours d'une soirée dansante dans la petite ville de Vimy Ridge, notre père n'était alors âgé que de 19 ans et elle, de 16 ans. Notre mère aime bien raconter que toutes les filles se pâmaient pour mon père, mais que, par indépendance, elle n'avait pas daigné lui accorder un seul regard. Pourtant, c'est justement elle que mon père a choisie, sans doute par défi, pour finalement réussir à la conquérir puis à la marier quelque temps plus tard.

Une fois mariés, nos parents ont déménagé à Montréal, où notre père a travaillé quelques années comme ramoneur avant de tomber gravement malade. Il a dû se faire retirer une partie de l'estomac en raison de sérieux problèmes gastriques. C'est à la suite d'une seconde intervention chirurgicale, alors qu'il séjournait aux soins intensifs, que ma mère m'a mis au monde.

Après avoir, semble-t-il, frôlé la mort, notre père aurait pris l'engagement de ne plus jamais vivre en ville. Souhaitant retrouver l'air pur de la campagne, il s'est mis en tête de retourner à Thetford Mines, dans cette région où il avait grandi, malgré les protestations de notre mère. Elle n'avait pas du tout apprécié cette décision unilatérale qui la forçait à déménager alors que je n'avais que quelques semaines. Toutefois, elle s'était résignée, car quand notre père tranchait à propos de quelque chose d'aussi important, tout le monde devait suivre !

***

ROCH-SYLVAIN

Je me souviens vaguement que, une fois installé à Thetford Mines, papa a passé de longs mois en convalescence à la maison. L'avantage pour nous, c'était qu'on le voyait très souvent. Il regardait la télévision avec nous le matin et il se plaisait à nous taquiner en jouant le méchant pirate. Quand il était de bonne humeur, il pouvait être vraiment drôle, notre papa !

Après quelque temps, papa a graduellement recommencé à travailler dans un petit atelier d'ébénisterie, à côté de la maison de ses parents. Très habile de ses mains, il s'est mis à fabriquer et à vendre des bocks de bière en bois, ainsi que d'autres objets artisanaux, ce qui lui a permis de gagner un peu d'argent. À l'époque, il m'emmenait parfois avec lui à l'atelier, pour mon plus grand bonheur, car j'aimais toujours être avec mon père. J'étais si fier, ces jours-là. Mais il y a une fois, entre autres, où je me rappelle que les choses ont mal tourné pour moi.

Comme d'habitude, en arrivant sur place, papa m'installe dans la petite cour de l'atelier où il m'est interdit d'entrer. Pour être bien sûr que je lui obéisse, et

Une vie de famille normale **17**

sans doute pour éviter d'avoir à constamment me surveiller, il s'assure de limiter mes mouvements de bambin en me faisant porter un harnais attaché, par un lien d'une vingtaine de pieds, à la corde à linge. Je ne suis pas tout à fait à l'aise dans cet accoutrement pour le moins contraignant mais, à la longue, je m'y habitue. Je peux me déplacer dans un rayon d'une trentaine de pieds, sans bien sûr pouvoir atteindre l'atelier tant convoité. Chaque fois que j'essaie, la corde, trop courte, me rappelle l'interdiction de mon père. Mais ce jour-là, à force de tirer, reculer, avancer, bouger dans tous les sens, je réussis à me libérer de mon attelage et, sans hésiter, je file vers l'atelier. J'entre discrètement, tous mes sens en éveil. On n'y entend aucun bruit. Je cherche mon père des yeux et je commence alors à explorer les lieux à pas mesurés. L'impressionnante collection d'outils, d'objets et de meubles en bois me fascine. Soudain, sans prévenir et surgissant de nulle part, mon père me saisit fermement par la taille et m'assoit sur l'établi. Je suis surpris et secoué. Lui ne dit rien et s'éloigne tout bonnement. Assez vite remis de la surprise, je profite de l'occasion afin de poursuivre mon exploration des lieux.

— Roch-Sylvain regarde par ici! me lance mon père.

En me tournant vers lui, je reçois une pelletée de bran de scie en plein visage. Le nuage de poussière de bois m'aveugle et m'étouffe d'un coup sec. Je me frotte le visage vigoureusement pour y voir clair de nouveau. Je tousse, je crache. Sans trop savoir ce qui vient de se passer, je reçois alors une gifle, une claque en plein visage si forte qu'elle me fait vaciller. Mon nez commence à saigner abondamment. En état de choc, je me mets à sangloter. Je suis désorienté. Je cherche à comprendre pourquoi mon père m'a frappé de cette manière et avec une telle force. Mon nez saigne tellement que mon père n'a pas le choix : il doit me ramener à la maison de grand-maman, qui est à côté, afin qu'elle me soigne. Je suis complètement sonné, apeuré. J'ai l'impression d'être en plein cauchemar. Aujourd'hui encore, je me revois, piteusement assis dans la cuisine de grand-maman, la tête penchée, en essayant déjà de tout oublier...

***

FRANÇOIS

Le jour vient à peine de se lever que je me réveille tout excité. Je veux savoir si papa a tenu sa promesse. Hier, en rentrant d'une promenade dans les bois, il nous a emmenés au bord du petit lac artificiel, derrière notre nouvelle maison. À notre grande surprise, il nous a demandé, à Roch-Sylvain et à moi, de choisir les couleurs des canards que nous aimerions recevoir en cadeau. Moi, j'en désirais un blanc avec un bec orange, tandis que Roch-Sylvain en souhaitait un qui soit noir, vert, rouge et blanc. Papa nous a alors dit de revenir au lac, le lendemain matin, car une belle surprise nous y attendrait.

Dès les premières lueurs de l'aube, ne tenant plus en place, je réveille Roch-Sylvain et nous sortons avec empressement de la maison. Au pas de course, nous nous rendons au petit lac et nous constatons, émerveillés, que oui ! papa a tenu sa promesse. Tels que j'en avais rêvé, nos beaux canards sont là! Je suis si heureux que je n'en crois tout simplement pas mes yeux...

***

Ce que j'aime plus que tout avec papa, c'est quand il nous emmène en balade dans la forêt avec notre chien Foxy, notre beau et fort berger allemand. Mon père adore jouer avec Foxy, même qu'il ne se prive pas de constamment repousser les limites du jeu. Le chien ressort, en général, passablement secoué par ces petits exercices. Ainsi, au retour de notre promenade, nous nous arrêtons au bord du lac, et là, papa agrippe solidement la laisse de Foxy, puis le soulève de terre en le faisant tournoyer dans les airs comme le ferait un athlète olympique au lancer du marteau. Une fois relâché, notre Foxy fait une envolée d'une vingtaine de pieds avant de retomber dans le lac dans un grand plouf. Chaque fois, nous avons le fou rire en le voyant revenir à la nage jusqu'à la rive pour ensuite se secouer de toute son eau.

Et quand, avec notre père, nous rentrons tous les trois de ces joyeuses promenades, nous avons souvent le bonheur d'être accueillis par notre mère qui nous attend avec un bon repas. Voilà les plus beaux souvenirs que je conserve de mon enfance.

CHAPITRE 3
La révélation divine

ROCH-SYLVAIN

Notre bonheur aura été de courte durée. Nous avons à peine eu le temps de nous installer et de savourer le plaisir de vivre dans notre nouvelle maison, que des tensions entre papa et maman font surface. Sans raison apparente, la situation se dégrade rapidement entre nos parents. Les chicanes, les éclats de voix sont de plus en plus fréquents.

Je me souviens d'ailleurs, avec une grande précision, de la première véritable querelle dont j'ai été témoin. À leur retour à la maison, aux petites heures du matin et après une soirée très arrosée, mes parents engagent une virulente dispute tout de suite après le départ de la gardienne. Je suis tiré du sommeil par la violence de l'altercation qui a lieu dans leur chambre.

— Parle moins fort, supplie ma mère, tu vas réveiller les enfants!

Je vois alors mon père s'approcher de notre chambre dont la porte est entrouverte.

— Ils sont à moi, ces enfants-là, et je les réveillerai si je veux!

Puis mon père fracasse le gros pot en verre posé sur la commode. Pleurant de rage, ma mère se précipite pour nettoyer le dégât.

Pendant que mon père continue de crier à tue-tête, je remarque à quel point ses membres sont tendus. Je frissonne de peur et néanmoins, je ne parviens pas à lui en vouloir, à mon père que j'aime, que j'adore. Puis l'orage prend fin, aussi subitement qu'il est arrivé. Le calme revenu, plongé de nouveau dans le silence de la nuit, je ne réussis pas à donner de sens à ce qui vient de se produire. Pourquoi mes parents se disputent-ils ? Qu'est-ce qui se passe ? Heureusement que François ne s'est pas réveillé. Lui, il n'aurait certainement pas pu endurer ça en silence.

***

Les querelles à la maison sont devenues monnaie courante. Dans ce climat malsain, mon père disparaît parfois pendant plusieurs jours, sans trop donner de nouvelles, et maman commence à se plaindre qu'il ne rapporte plus assez d'argent à la maison. La situation se détériore à une allure vertigineuse.

***

J'ai six ans et, malgré tout, chaque moment passé avec mon père représente un véritable privilège. Un matin, il décide de m'amener avec lui en voyage, pour plusieurs jours. Un voyage d'affaires, comme il dit. Je suis aux oiseaux !

En route vers Québec, mon père me fait promettre de garder un secret: il me confie avoir fait une nouvelle rencontre.

— Tu sais, fiston, il y a un Être Supérieur qui règne au-dessus de nous tous.

— Tu veux dire « Dieu » ?

— Oui, l'Éternel. Depuis mes deux opérations, j'ai décidé de remettre ma vie entre ses mains. Et lui, il me révèle sa Vérité durant la nuit, affirme mon père le plus sérieusement du monde.

— Mais de quelle façon Dieu te parle ?

— Il me dévoile l'avenir dans mon sommeil, ce que l'on appelle des songes ou encore des révélations. J'ai les deux yeux grands ouverts quand il vient me parler. Je le vois dans sa tunique blanche. Ça n'arrive pas à tout le monde, mais il m'a choisi pour accomplir une grande mission sur la terre.

— Mais papa, c'est quoi, ta mission ?

— Il me montre un nouveau chemin à suivre. Peu importe les obstacles, je dois lui faire confiance, car je suis maintenant son instrument. Il m'a montré de nouveaux visages que je n'ai jamais vus auparavant. Je me dois de retrouver toutes ces personnes, puis de les rassembler afin de les sauver, car la fin est proche, mon fils.

Je le regarde d'un air un peu perplexe; je ne comprends pas où il veut en venir.

— La femme que je vais te présenter aujourd'hui à Québec est justement l'une des personnes que je recherche. Et il y en aura bien d'autres. Il y a aussi des hommes que je n'ai pas encore rencontrés.

Tandis que j'essaie de démêler le sens de ses propos, il poursuit :

— Tu sais, Roch-Sylvain, ta mère, je l'aime toujours. Mais ce nouveau chemin que j'ai emprunté par la grâce du Très-Haut ne me permet pas de demeurer avec elle.

— Tu vas partir de la maison ? Nous ne serons plus une famille ?

— Non, c'est fini, mais je serai toujours auprès de vous, mes enfants. Sache que la femme chez qui nous allons aujourd'hui n'est pas uniquement une connaissance, mais c'est une amie fidèle qui fait partie de mon plan d'avenir. C'est Dieu qui le veut ainsi. Je te demande de ne pas en parler à ta mère. Ça doit rester secret entre toi et moi, d'accord ?

— Oui, papa.

CHAPITRE 4
La rupture familiale

ROCH-SYLVAIN

Le voyage vers Québec me paraît étrange. Malgré tout le bonheur que me procure cette escapade avec mon père, je trouve que la situation est bizarre. Un mélange d'impressions contradictoires, à la suite des révélations de mon père, me rend un peu nerveux. Sa rencontre avec Dieu, sa mission spéciale, sa décision de quitter la maison...

Nous arrivons enfin devant la maison de Louiselle Leblanc, un triplex en briques brunes sur une des rues de la basse-ville de Québec, dans le quartier Limoilou. Une fois la voiture garée devant la maison, nous grimpons rapidement les escaliers jusqu'au troisième étage, car le vent est cinglant et le froid, mordant en ce novembre 1975. Papa frappe à la porte et nous sommes chaleureusement accueillis par une petite et énergique jeune femme.

— Qu'il est beau, ton garçon! dit-elle en ouvrant la porte.

Puis s'adressant directement à moi :
— T'as les yeux bleus de ton père!

Elle s'accroupit devant moi, me prend les épaules et me fait la bise. Timide et mal à l'aise, je détourne la tête.

— Il est gêné, le petit garçon... Je t'aurai bien, à un moment ou à un autre, me laisse-t-elle savoir d'un air malicieux.

En explorant le logis, je pose les yeux sur plusieurs toiles accrochées ici et là. Je les trouve magnifiques, ces peintures, qui représentent des paysages d'automne et des cornes d'abondance. Elles sont l'œuvre de Louiselle et, comme ces toiles sont toutes peintes à l'huile, elle m'a bien prévenu de ne pas y toucher, puisque certaines d'entre elles ne sont pas entièrement sèches.

Je commence à me sentir bien à l'aise chez cette femme et je poursuis l'exploration des pièces. C'est plus fort que moi. D'ailleurs, ce n'est pas la première fois que ma curiosité me joue des tours et cette fois-ci ne fait pas exception. Sans y penser, j'appuie mon index sur la peinture fraîche d'une des œuvres exposées dans sa chambre. Je fais ça sans m'en rendre compte... ou pour attirer l'attention, qui sait?

Chose certaine, mon vœu est vite exaucé, car Louiselle remarque le léger gâchis dont je suis coupable. Se tournant vers moi, elle s'exclame d'un ton très sérieux:

— Oh mon p'tit torrieu! Je t'avais pourtant bien dit de ne pas toucher aux peintures!

Puis, mine de rien, elle s'approche de moi, se penche et me donne une bise.

— Ah! ah! Je t'avais bien dit que je réussirais à t'embrasser?

***

À mon réveil, le lendemain matin, la lumière inonde la chambre où j'ai dormi. Je remarque que ses murs sont aussi couverts des peintures et des dessins de Louiselle. Je n'entends que peu de bruit, tout juste la rumeur d'une conversation étouffée par les murs de l'appartement. Je me lève et me dirige en direction d'une chambre d'où proviennent les voix. Je pousse doucement la porte, et là, je vois mon père, qui me sourit, étendu dans un lit au côté de Louiselle.

— Bonjour, Junior, t'as bien dormi ?

Saisi d'étonnement, je ne réponds pas.

— Qu'est-ce qui ne va pas ? me lance-t-il.

Et, devançant ma question :

— Tu sais, Louiselle et moi, nous sommes couchés en amis...

Du haut de mes trois pommes, je ne comprends pas comment mon père peut dormir avec une autre femme s'il n'est pas amoureux d'elle. De voir Louiselle collée contre mon père dans son lit me donne l'impression qu'elle vient soudain de prendre la place de maman.

D'abord figé par la surprise, j'arrive tout de même à reculer lentement et à quitter le cadre de porte. Une seule pensée m'habite : je veux rentrer à la maison, je veux partir d'ici.

***

Nous voici enfin à la maison après ce périple de quelques jours assez fertile en découvertes... Je suis heureux d'être de retour, mais j'éprouve en même temps un vague sentiment de culpabilité. Je dois garder en tête le prétexte du prétendu voyage d'affaires et me tenir prêt à mentir au besoin.

Et justement, ma mère n'avale pas le scénario du « voyage d'affaires ». Elle veut tirer les choses au clair, sans attendre.

— Ne me mens pas. Je sais que tu es parti à la rencontre d'une autre femme, déclare-t-elle à mon père en le crucifiant du regard.

— Qu'est-ce que tu racontes? réplique-t-il en feignant l'ignorance.

— Je ne suis pas folle! Tu n'es qu'un menteur, Roch Thériault! Même Junior n'ose plus me parler quand je lui demande où vous êtes allés...

Dès lors, ma mère devient de plus en plus irritée par les escapades de mon père. Pendant des semaines, elle va me questionner sur ce fameux voyage à Québec dont j'ai été témoin. Mais moi, je ne lui révèle rien, je reste évasif. Je prononce le minimum de mots et, surtout, je ne fais aucune allusion à Louiselle.

Ce jeu de cache-cache modifie considérablement ma relation avec ma mère. Je suis devenu plus distant, plus silencieux. Et surtout, je me sens préoccupé par l'avenir incertain de notre famille. Je pense à François, à la manière dont il risque de vivre ça. Et comment il va réagir à toutes ces chicanes. À la maison, l'atmosphère est tendue et mon père ne rate pas une occasion pour rabaisser ma mère devant nous. Il répète qu'elle nous éduque mal et que c'est tout simplement une femme dénaturée.

***

Plus le temps avance, plus les choses se dégradent. Petit à petit, je m'aperçois que mon père délaisse son travail et la plupart de ses responsabilités. Les factures s'accumulent rapidement. Il n'a plus aucun employé à l'atelier d'ébénisterie, la production est presque paralysée et les revenus fondent à vue d'œil. Tout semble s'écrouler.

Or, une métamorphose plus profonde encore semble transformer mon père. Il est maintenant habité par une nouvelle passion : la religion. On le voit régulièrement en train de lire la Bible. Il me semble très pensif et souvent plongé dans ses réflexions. La plupart du temps, il est dans sa tête.

Ma mère, de son côté, a vraisemblablement épuisé toute sa patience. Elle est devenue irritable et elle panique au moindre imprévu. Je suis de plus en plus inquiet et m'efforce de comprendre ce qui arrive à mon père. Je demande à ma mère :

— Mais que fait papa ?
— Je ne veux rien savoir de ton père !
— Mais qu'est-ce qui se passe ?
— Qu'est-ce qui se passe ? Qu'est-ce qui se passe ? Ton père ne paie plus les comptes et si ça continue, on va perdre la maison. Pis en plus, il est toujours en train de courir la galipotte ! Il ne se préoccupe plus de moi ni de vous autres !

— Mais où on va rester si on perd la maison ?
— Je n'en sais rien, Junior...

***

Noël 1976. Tout porte à croire que ça sera le dernier temps des fêtes en famille. Nos parents ont atteint un point de non-retour.

Incapable de payer ses dettes, notre père déclare faillite et quitte la maison. Il laisse tout derrière lui, sauf ses effets personnels et son automobile. Nul ne sait où et quand nous le reverrons. Mon frère et moi devons bientôt nous résigner à quitter nous aussi la maison, ma mère étant incapable de payer les mensualités. Nous déménageons donc dans un quatre pièces, au deuxième étage d'un immeuble d'habitation près du centre-ville de Thetford Mines.

***

À notre insu, mon père a commencé à fréquenter une communauté religieuse, les Adventistes du septième jour, un mouvement évangélique qui attend le second avènement du Messie. Cette petite communauté est devenue en quelque sorte la nouvelle famille de papa, celle avec laquelle il a choisi de poursuivre son cheminement spirituel. Mais surprise, quelques mois plus tard, sans donner de raison, mon père décide de revenir habiter avec nous. Je reprends vite espoir en me disant que la situation va se rétablir. Malheureusement, la suite des événements va m'ôter mes dernières illusions...

— Tu t'es pas vu l'air ? Tu t'habilles sexy rien que pour tes clients de bar. Tous des vieux pervers ! Pis le gars qui t'a ramenée à la maison l'autre jour, tu vas me faire accroire que c'était juste un ami ?

— Mais t'es pas mieux, tabarnak ! La femme que t'as rencontrée, qu'est-ce qu'a vient faire dans le décor ? Tu me joues dans le dos, pis en plus, ça fait longtemps !

Chassez le naturel et il revient au galop. Le climat familial est vite redevenu insupportable. Les disputes sont innombrables, incessantes.

— Tu te saoules la gueule, tu cours la galipotte et tu ne penses pas à tes enfants. On a même perdu la maison ! lui crie ma mère.

— J'ai dû changer d'orientation parce qu'il y a quelque chose de grand qui m'attend. Pis les enfants sont ma progéniture. J'ai beaucoup plus à leur offrir dans l'avenir que ce que tu penses, lui rétorque mon père.

— Ah oui ! Qui est-ce qui s'occupe des enfants ? Qui est-ce qui met le pain sur la table ? C'est moi ! Alors que toi, t'en as rien à foutre. La seule chose que tu fais pour t'en occuper, c'est leur bourrer le crâne avec les niaiseries de la Bible !

— Ce ne sont pas des niaiseries ! La Bible, c'est un livre de pure vérité, la Vérité qui fait grandir et nous rapproche du royaume des cieux. Alors c'est pas du bourrage de crâne, mais plutôt une nourriture de l'esprit dont on a tous besoin !

Chaque jour, notre père lit la Bible pendant des heures et s'absente souvent pour ne revenir que très tard le soir. Tous les dimanches, il participe aux conférences bibliques des Adventistes. En plus, il reste en contact étroit avec Louiselle et quelques-unes de ses nouvelles relations féminines.

***

Évidemment, le retour de mon père à la maison ne pouvait pas durer. Je me rappelle avoir été témoin d'une scène qui m'a profondément marqué. J'ai toujours pensé que cette dispute, à laquelle j'ai assisté ce soir-là, avait mis un terme définitif à leur union. Pourtant, ma mère m'affirme ne pas s'en souvenir. Elle pense que je l'aurais plutôt rêvée. Mais j'en ai gardé des images tellement précises que je considère maintenant l'avoir réellement vécue. C'est donc par un soir glacial de l'hiver 1977 que l'affrontement final a eu lieu.

Il est environ minuit lorsque mon père, absent depuis quelques jours, revient à l'appartement. Des vents violents ébranlent les fenêtres de notre chambre. Malgré tout, j'entends les éclats de voix de mes parents, qui semblent provenir du salon. Mon frère, François, heureusement pour lui, dort comme un loir.

Je descends du lit superposé et j'entrouvre prudemment la porte de la chambre. À ma grande stupéfaction, j'aperçois mon père, à travers la fenêtre du salon, qui se tient à l'extérieur du logement, sur la galerie, à moitié nu! Ma mère l'a embarré dehors, en plein hiver! Grelottant de froid, il la menace en la prévenant qu'il défoncera la porte si elle ne l'ouvre pas. Ma mère, visiblement agitée, mais déterminée et encore maîtresse d'elle-même, s'empresse de réunir tous les vêtements et effets personnels de mon père. Puis, prestement, d'un geste assuré, elle ouvre la porte et jette le tout par-dessus le garde-fou du balcon.

Je suis estomaqué. Tandis que mon père ramasse ses affaires, j'essaie de comprendre pourquoi ma mère le méprise tant. L'amour et l'admiration que je voue à mon père sont si forts que je ne m'explique pas pourquoi ma mère le déteste au point de le mettre à la porte au beau milieu de la nuit. Je suis tiré de mes réflexions lorsque j'entends la voiture de papa qui démarre à fond de train.

Vais-je un jour revoir mon père? La mort dans l'âme, je retourne me coucher dans mon lit. Mais, au fait, l'ai-je vraiment quitté, ce lit? Et si ce n'était qu'un mauvais rêve?

CHAPITRE 5
L'endoctrinement religieux de Roch-Sylvain

FRANÇOIS

Mon père n'habite plus avec nous depuis plusieurs mois maintenant, mais il demeure très présent dans notre quotidien. De fait, ma mère et mon frère se disputent constamment à son sujet. Elle se montre très inquiète de l'influence que papa peut avoir sur Roch-Sylvain. Elle accuse mon père de remplir la tête de celui-ci avec des niaiseries religieuses et de maintenir des liens secrets avec nous. En principe, maman nous a catégoriquement interdit de le voir. Dans les faits, il nous rend fréquemment visite sur le chemin entre l'école et la maison. Et le plus souvent, il passe tout son temps à parler de religion avec Roch-Sylvain.

Il faut dire que, ces temps-ci, mon frère se comporte de manière plutôt surprenante. Il prend très au sérieux la mission que mon père lui a confiée: répandre la Bonne Nouvelle à tous ses copains d'école. Roch-Sylvain s'est donc mis en tête d'expliquer à tous nos amis que la fin du monde est proche et que seuls quelques élus seront protégés par la miséricorde de Dieu.

Une des choses qui agace le plus ma mère, c'est que mon frère refuse de manger du porc depuis que papa lui a dit que c'était un animal impur. Ça tombe vraiment mal, parce que notre mère adore le porc. Pendant un petit bout de temps, Roch-Sylvain cache ses morceaux de porc dans sa poche et va les jeter aux toilettes, mais maman s'en aperçoit. Elle est très fâchée. Encore une fois, elle accuse mon père de lui laver le cerveau avec toutes ses sornettes. Mais Roch-Sylvain semble imperméable aux réprimandes de maman. Plus elle lui en parle, plus il se durcit dans ses nouvelles convictions religieuses. Leurs conflits commencent à me tourmenter, car j'ignore si je dois me ranger du côté de mon frère ou de ma mère. Je me sens coincé entre l'arbre et l'écorce, et je déteste ça.

ROCH-SYLVAIN

Mon père est un être extraordinaire. Depuis qu'il m'a expliqué qu'il est le représentant de Dieu sur terre, je comprends pourquoi il m'impressionne tant. Lorsqu'il me parle de sa mission et des songes dans lesquels Dieu vient lui parler, je reste suspendu à ses lèvres. Je pourrais passer des heures et des heures à l'écouter me raconter des passages de l'Ancien Testament ou me décrire ses projets. Je me sens privilégié d'être le fils d'un élu de Dieu et je prends aussi mon propre rôle très au sérieux.

Quand même, ce n'est pas toujours facile d'être le fils d'un si grand homme. À l'école primaire, où je suis en troisième année, j'éprouve souvent de la difficulté à concilier l'enseignement officiel que je reçois avec les nouvelles valeurs spirituelles héritées de mon père. Par exemple, mon enseignante, une dame qui travaille dans cette école depuis plus de 30 ans, nous demande chaque matin de réciter le « Je vous salue, Marie », et de faire le signe de croix. Auparavant, je n'y voyais aucun problème. Mais je suis maintenant beaucoup plus réticent à effectuer ces rituels, car papa m'a expliqué que faire le signe de croix, c'est invoquer les forces du mal. J'ai donc commencé à faire le signe de croix à l'envers pour respecter les vœux de papa, en m'efforçant bien sûr de ne pas attirer l'attention de mon enseignante.

Par contre, réciter le « Je vous salue, Marie » me cause un peu plus de problèmes, car papa m'a expliqué que l'Immaculée Conception de la Vierge Marie, ce n'est qu'une fumisterie. Dans les faits, Jésus est plutôt le fruit de la fornication entre Marie et le roi Hérode, lequel aurait par la suite fait crucifier son propre fils. Aux yeux de mon père, Marie ne représente donc qu'une femme sans valeur, une sorte de péripatéticienne assez méprisable. Quand j'ai tenté d'expliquer ça à ma professeure, le moins qu'on puisse dire est que mon plaidoyer a été mal reçu. Finalement, à force de la contredire, je me suis tout simplement fait expulser de la classe.

Bien évidemment, j'ai raconté l'histoire à mon père, qui s'est indigné en apprenant que mes droits spirituels étaient bafoués de la sorte. Il est allé se plaindre au directeur de l'école pour exiger que l'on me dispense du cours de catéchèse en affirmant qu'il se chargerait lui-même de mon éducation religieuse. Je n'ai pas trop compris pourquoi, mais ça n'a pas fonctionné et je dois continuer à suivre les cours de catéchèse avec le reste de la classe.

Malgré tout, je ne baisse pas les bras. J'ai d'ailleurs trouvé une nouvelle manière de faire valoir la vision éclairée de mon père. Je me suis fabriqué un bâton de pèlerin et j'ai l'intention d'utiliser cette houlette, pour reprendre l'expression de mon père, afin de bénir mes amis dans la cour d'école. Comme ça, mon message sera mieux reçu et je n'aurai pas à me disputer avec mon enseignante.

Le jour où je décide de mettre mon plan à exécution, je trépigne véritablement d'impatience. Après avoir rempli mon sac avec une dizaine de bibles, je prends ma houlette et me dirige d'un pas assuré vers l'école, accompagné de François qui me regarde d'un air étonné. Je suis tellement fier d'être le fils de mon père. Et surtout, je sais très bien que lui sera aussi très fier de son fils quand je vais lui raconter tout ça. C'est vraiment fantastique d'être le fils du représentant du Dieu éternel !

***

FRANÇOIS

Je ne comprends plus très bien ce qui se passe avec mon frère et mon père, mais je sens que ça risque de nous causer plus de problèmes qu'autre chose. Depuis que Roch-Sylvain s'est retrouvé dans le bureau du directeur pour avoir distribué des bibles dans la cour de récréation, je remarque que certains élèves nous regardent un peu de travers. On dirait que, soudainement, les gens se méfient de nous.

L'endoctrinement religieux de Roch-Sylvain **39**

Je me souviens d'un événement qui m'a appris que mon père ne lâchait pas si facilement prise. Ce jour-là, comme d'habitude à la fin des classes, je dois rejoindre Roch-Sylvain dans la cour d'école avant de rentrer à la maison. Nous n'avons pas le temps de prendre le chemin du retour que nous sommes rattrapés par Chantal, ma professeure de première année. Elle nous demande de rentrer dans l'école, car elle a quelque chose d'important à nous dire. Surpris, je me demande ce que Roch-Sylvain a encore bien pu manigancer et pourquoi je dois me faire réprimander avec lui.

À mon grand étonnement, Chantal n'a pas du tout l'air de vouloir nous punir. Au contraire, elle nous traite avec beaucoup de gentillesse, tout en nous invitant à entrer dans sa classe. Avec un grand sourire, elle nous explique que notre père est venu la rencontrer et qu'il l'a chargée de nous transmettre des noms bibliques, spécialement choisis pour nous. Dorénavant, Roch-Sylvain s'appellera Aaron, qui signifie en hébreu « ô élève éclairé », et moi, je serai Malachie, le « messager d'amour ». Ce sont les noms que nous devrons utiliser lors des nouveaux rites que papa a préparés pour nous.

Une fois achevée cette cérémonie de baptême un peu sommaire, Chantal nous explique que nous devrons désormais, tous les jours, prendre le temps d'exécuter ce petit rituel de purification avant de rentrer à la maison. Tout en préparant des bacs d'eau, elle nous demande de nous déchausser et de retirer nos bas pour prendre un bain de pieds. Elle nous distribue ensuite quelques morceaux de pain et nous sert à chacun un verre de jus de raisin blanc afin de procéder à la séance de purification. Dociles, nous obéissons à ses directives sans broncher.

Les pieds dans l'eau et le verre de jus à la main, nous procédons à cette petite communion en récitant une série de prières et de cantiques, tels que notre père les a dictés à Chantal. Au fond de moi-même, je me demande bien comment il a pu convaincre mon enseignante de participer à ce rituel. Et surtout, qu'est-ce que maman penserait de tout ça. Mais je me ravise assez rapidement. Mieux vaut ne jamais parler de ça à maman pour éviter de créer de nouvelles tempêtes.

***

ROCH-SYLVAIN

Les frictions sont de plus en plus nombreuses entre ma mère et moi. Elle ne comprend absolument rien de la nouvelle voie spirituelle que nous avons empruntée, mon père et moi. Elle conteste systématiquement les démarches qu'il entreprend afin de nous voir un peu plus souvent et, surtout, pour nous garder dans le cercle des élus qui seront protégés par la miséricorde de Dieu.

Aujourd'hui encore, elle fulmine. Elle vient d'apprendre que Chantal, l'enseignante de François, nous administre régulièrement, depuis quelques semaines, le petit rituel de purification élaboré par papa. Maman est hors d'elle et se prépare à aller engueuler Chantal pour ensuite se plaindre au directeur de l'école. Ce n'est pas la première fois qu'elle nous fait ça. Déjà, l'autre jour, elle s'est plainte que mon père m'envoyait des lettres à l'école et là, elle veut nous empêcher de communier. Mais quand donc comprendra-t-elle que papa ne fait qu'obéir aux volontés de notre Dieu éternel et qu'il ne veut que notre bien ?

CHAPITRE 6
Le début d'une nouvelle vie

FRANÇOIS

Nous habitons seuls avec ma mère depuis plusieurs semaines déjà, mais papa n'est jamais bien loin. Après avoir élu temporairement domicile dans un hangar, à quelques rues de la maison, il vit maintenant dans un logement avec Louiselle, qui a quitté Québec pour venir s'établir à Thetford Mines. Et comme ce logement n'est pas situé trop loin du nôtre, nous allons lui rendre visite clandestinement, sans que maman s'en aperçoive.

Chez papa et Louiselle, l'atmosphère est vraiment différente de celle qui prévaut à la maison, car c'est toujours plein de monde, surtout des femmes que papa rencontre à l'église des Adventistes du septième jour. Jeunes et jolies, elles semblent toutes lui vouer une admiration sans borne. Souvent, elles campent dans l'appartement, à même le plancher, tandis que papa dort avec Louiselle. Les discussions sont joyeuses et animées, et la religion se trouve, bien sûr, placée au cœur de la plupart de leurs activités.

Notre mère se doute bien de quelque chose, mais nous demeurons muets comme des carpes. Et malgré ses insistances, jamais nous n'oserions lui avouer que nous voyons papa en cachette. Elle nous piquerait une de ces colères!

Ce soir, je sens toutefois que le vent risque de tourner, car papa insiste pour que nous soupions avec lui. Je regarde Roch-Sylvain, perplexe et indécis, mais papa est intraitable: « Ce soir, mes deux fils, vous souperez à ma table. N'ayez crainte, je prendrai la responsabilité d'appeler votre mère afin de régler cette affaire et j'en assumerai toutes les conséquences. » Nous acquiesçons, sans trop savoir de qui nous devons avoir le plus peur: de papa ou de maman?

Avant de se mettre à table, papa prend le téléphone pour appeler maman. Assis tous les deux sur le canapé, avec Louiselle qui tente de nous apaiser, nous retenons notre souffle. D'un ton solennel et autoritaire, papa s'adresse ainsi à maman: « Quoi que tu en penses, mes fils resteront à souper ici, et seulement après je te les ramènerai. Ne t'avise pas de les châtier pour cela. C'est à moi qu'il faut en vouloir, car c'est moi qui les ai invités à ma table! » Visiblement satisfait de lui-même, il raccroche et, d'un air complice, nous fait signe de nous asseoir. Ignorant si je dois m'en réjouir ou en frémir, je me dirige à ma place où m'attendent un plat de poisson et une salade d'olives noires. Il faut savoir que depuis son entrée dans les rangs des Adventistes du septième jour, papa a banni la viande rouge et le porc de son régime alimentaire.

Au cours du repas, papa nous explique que leur petite communauté va maintenant se consacrer à la nouvelle mission qui leur a été assignée par le

Dieu tout-puissant. Désormais, ils vont organiser des conférences pour aider les gens à se débarrasser du tabagisme et à adopter de meilleures habitudes de vie. Très bientôt, tout le groupe va déménager à Sainte-Marie-de-Beauce, là où ils établiront leurs quartiers.

Devant notre air inquiet, papa s'efforce de nous rassurer. Il nous annonce qu'il va divorcer de notre mère et ainsi obtenir officiellement un droit de garde afin de nous avoir avec lui une fin de semaine sur deux!

***

ROCH-SYLVAIN

Automne 1977. Cette fois-ci, c'est vrai, et personne ne pourra plus rien y changer : papa et maman sont officiellement divorcés. La bonne nouvelle dans tout ça, c'est que le juge a autorisé papa à nous prendre avec lui une fin de semaine sur deux. Nous sommes ainsi assurés de pouvoir continuer à voir notre père. Nous n'avons plus à craindre les foudres de maman. Elle n'a plus le choix de nous laisser passer du temps avec lui.

Tel que nous l'avait annoncé papa, quelque temps plus tôt, le groupe a déménagé dans un chalet à Sainte-Marie-de-Beauce, aux abords de la rivière Chaudière. C'est l'endroit qu'ils ont choisi pour exécuter les desseins du Dieu tout-puissant afin de convaincre les gens de reprendre de saines habitudes de vie.

J'adore les fins de semaine chez papa. Il y règne une atmosphère extraordinaire. Tous les membres du groupe participent à l'organisation des conférences anti-tabac animées par papa. Au cours de ces conférences, il présente à ses auditeurs un plan pour arrêter de fumer, réparti sur cinq jours. Le moins qu'on puisse dire, c'est que sa formule est très efficace et qu'il est particulièrement convaincant. Sa prestance et son éloquence sont telles que l'auditoire demeure chaque fois suspendu à ses lèvres. Afin de compléter le plan de traitement, papa propose des produits naturels qui aident à purifier l'organisme. Une bonne partie de ces produits est fabriquée par les membres du groupe. Le reste provient de l'organisation des Adventistes du septième jour qui, en plus des produits naturels, ravitaille le groupe en livres religieux. Les profits générés par ces ventes, ainsi que les dons spontanés du public, permettent à papa et à ses compagnons de subsister dans leur modeste chalet.

Papa est le leader incontesté du groupe. Tout gravite autour de sa personne, et les membres de la petite communauté le surnomment affectueusement « Papy ». En étroite collaboration avec Louiselle, qui est devenue « Mamy », c'est lui qui planifie l'organisation des activités du groupe, ainsi que le partage des tâches quotidiennes.

Mamy est merveilleuse. Elle prend soin de nous comme une vraie maman. Le soir, elle nous invite, mon frère et moi, à nous agenouiller pour louanger l'Éternel Dieu, pour le remercier pour la belle journée qu'il nous a fait passer et lui demander de bénir ceux qui nous sont chers au même titre que nos ennemis. Après cette petite communion, elle nous borde tendrement dans notre lit en chantant une berceuse. Nous nous endormons tous les deux, paisibles et heureux, nourris par la belle énergie de notre nouvelle famille.

***

Un matin, au réveil, j'ouvre les yeux et je regarde par la fenêtre. Le décor a complètement changé pendant la nuit. Alors que, hier encore, les champs de blé d'Inde brûlés entourant notre chalet donnaient au paysage une douce teinte brun crème, le sol est maintenant revêtu d'une mince couverture blanche. Je me lève d'un bond et réalise que tout le groupe est déjà debout, chacun s'émerveillant de la beauté du site.

Vantant les mérites de cette couche de neige d'une blancheur étincelante, papa nous invite à sortir et à l'imiter dans une expérience pour le moins originale : marcher pieds nus sur la neige. Dès les premiers pas, je suis saisi par une cuisante sensation de brûlure qui monte de la plante de mes pieds. Mais je tiens bon et réussis à faire plusieurs pas de suite, en accélérant la cadence afin que chacun de mes pieds reste le moins longtemps possible en contact avec le sol gelé. J'éprouve une telle admiration pour mon père que je serais prêt à faire n'importe quoi pour lui. Même s'il me demandait de marcher sur la braise, je le ferais sans aucune hésitation.

***

À chacun de nos séjours, je remarque que des changements, toujours décidés par mon père, s'opèrent au sein de la petite communauté. Il a ainsi imposé un nouveau rite au groupe : le jour du sabbat. C'est une journée consacrée à la prière, à la méditation et au repos. C'est aussi jour de jeûne pour les adultes. Mais heureusement, nous, les enfants, sommes exemptés de cette pratique et nous avons le droit de grignoter.

Une autre chose qui a changé, mais plus graduellement, c'est le code vestimentaire. D'abord réservée aux journées spéciales, la tunique est portée de plus en plus régulièrement par tous les membres du groupe. Ils sont ainsi revêtus d'une tunique verte, sauf papa, François et moi qui arborons une tunique brune ornée de petites paillettes dorées. C'est pour bien souligner notre statut particulier ainsi que la filiation quasi royale qui nous unit à notre père.

La commune est très active, car, en plus des conférences contre le tabagisme, papa et ses fidèles offrent régulièrement des soins et des repas aux gens malades ou handicapés qui viennent chercher du soutien ou du réconfort. Il faut dire que papa semble avoir un don de guérisseur puisqu'il réussit parfois à rescaper des gens qu'on aurait pu croire condamnés. Anaël fait partie de ce petit groupe de privilégiés que papa a su sauver. À peine âgée d'une vingtaine d'années et gravement atteinte par la sclérose en plaques, Anaël a été emmenée ici par ses parents qui ne savaient plus comment s'en occuper. Grâce aux bons soins de papa et de Judith, une infirmière de formation, Anaël reprend peu à peu du mieux, de la vigueur et du tonus musculaire. Papa lui a astucieusement confectionné un harnais qui lui permet de rester en position verticale. Tenue par des cordes fixées au plafond, cette sorte de sauteuse la libère en partie de la gravité qui autrement la garde clouée dans son fauteuil. Comme ses pieds peuvent toucher le sol, Anaël parvient ainsi à délier, chaque jour un peu plus, ses membres atrophiés. Tout le monde aime Anaël et la traite comme un membre à part entière de la famille. À chaque repas, elle se balance dans son harnais, au bout de la table, et assiste aux activités du groupe. Elle se plaît visiblement parmi nous, ce qui nous comble de bonheur !

CHAPITRE 7
Les préparatifs du voyage

ROCH-SYLVAIN

Juin 1978. Quel soulagement! Avec la fin de l'année scolaire, maman a accepté de nous laisser passer deux semaines de vacances avec papa et sa petite communauté, dans leur chalet de Sainte-Marie-de-Beauce. Je n'aurais rien pu demander de mieux, d'autant plus qu'à notre retour à Thetford Mines, je vais rejoindre mon camp estival de louveteaux, un séjour que j'attends avec impatience depuis plusieurs mois. C'est un très bel été qui s'annonce.

Nous sommes chez papa depuis quelques jours à peine, mais déjà je sens que quelque chose d'important se prépare. En fouinant dans le sous-sol, j'ai découvert que les membres du groupe ont amassé une impressionnante quantité de bagages et de provisions, comme si nous nous apprêtions à un très long voyage. Je remarque des dizaines de caisses de nourriture en conserve, des boîtes entières de pots de germe de blé et de céréales, des dizaines de contenants de café de chicorée. Mais à quoi bon stocker toutes ces provisions si ce n'est pour nous préparer à une grande expédition ou à un séjour prolongé de canot-camping? Et pourquoi toutes ces tentes, sans oublier cette véritable cargaison d'outils ? Il y a indéniablement quelque chose de très important qui se trame, mais papa ne nous a encore parlé de rien.

Ce matin, à notre réveil, papa nous annonce que nous partons pour la journée à l'île Verte afin de pêcher et de faire des provisions de poisson mariné. J'aime bien la pêche, mais je me demande vraiment quel est le but de toutes ces opérations.

Un autre signe m'indique que quelque chose d'important va se produire. Hier soir, avant de nous envoyer au lit, papa nous a présenté le film *Les dix commandements*, qui raconte l'histoire de Moïse et de ses fidèles. J'ai bien aimé le film, mais je sens que papa a une idée derrière la tête. Je n'en peux plus d'attendre. Alors, je vais le voir pour lui poser directement la question. Ma curiosité l'emporte sur la crainte de l'offusquer.

— Papa ?
— Qu'est-ce qu'il y a mon fils ?
— Je voudrais te demander quelque chose d'important, tu permets ?
— Oui, vas-y.
— Qu'est-ce qui se passe avec le groupe et la clinique Vivre en santé ? Pourquoi est-ce qu'on prépare autant de provisions et de bagages ?
— Écoute-moi bien, Aaron. Dans un autre de mes songes, l'Éternel Dieu m'a indiqué une nouvelle route à suivre, une route qui fait cependant toujours partie de ma mission initiale. Nous devons tout quitter en laissant notre passé derrière nous et nous diriger vers la Gaspésie.

— En Gaspésie ?! Mais comment je vais faire pour aller à mon camp de louveteaux ? Et l'école ? Est-ce qu'on va retourner chez maman ?

— Non, mon garçon. J'ai également eu la vision que ton frère et toi devez rester à mes côtés afin de nous éloigner, tous ensemble, de cette société qui ne fait que nous empoisonner. De plus, rappelle-toi que la fin est proche et que nous devons nous purifier de toutes nos habitudes mondaines afin d'être prêts pour la seconde vie lors du jugement dernier, lors de l'avènement du Maître tout-puissant. Nous devrons avoir atteint une certaine grandeur et une maturité, de même que le blé doit avoir atteint une certaine hauteur avant d'être moissonné. Est-ce que tu comprends ce que j'essaie de t'expliquer ?

J'acquiesce en hochant la tête tout en m'efforçant de pénétrer le sens de cette intrigante parabole. En tant que fils aîné du représentant de Dieu sur terre, je suis depuis longtemps persuadé que je ferai partie du groupe restreint de ceux qui auront droit à une deuxième vie et, pour y parvenir, je suis prêt à bien d'autres sacrifices.

Après un long moment de silence, je reprends mon interrogatoire :

— Mais où est-ce qu'on va aller en premier ?

— Mon fils, tu n'as pas à t'inquiéter. Dieu a bien su me guider jusqu'ici et il continuera de le faire sur le chemin qui nous attend. Chaque jour, il m'enverra des indices, souvent au travers de révélations ou d'événements significatifs, afin de m'indiquer la route à suivre... Alors, n'aie crainte ! Dieu est avec nous !

Après avoir remercié papa, je m'en éloigne, en éprouvant des sentiments partagés, car j'hésite entre le soulagement de trouver enfin des réponses à mes questions et la déception de devoir renoncer à mon camp de louveteaux. Mais puisque c'est Dieu qui en a décidé ainsi, je n'ai d'autre choix que de me rallier au nouveau projet de papa.

CHAPITRE 8
Le voyage

FRANÇOIS

Aujourd'hui, c'est le grand départ. Il fait encore nuit, mais tous les membres du groupe sont debout, affairés à caser les derniers bagages dans les trois véhicules prévus pour ce long voyage : une caravane de camping, un vieux Chevrolet de style « station wagon » et un vieil autobus scolaire de fortune, rénové avec les moyens du bord. La quantité de bagages est si considérable qu'il n'y a pas suffisamment d'espace pour les onze femmes, sept hommes et sept enfants que compte la communauté. Papa a donc décidé qu'une partie du groupe suivrait plus tard, dans deux véhicules supplémentaires.

Quelques heures avant l'aube, la première partie du cortège se met en branle, cap vers le nord. Encore à moitié endormi, malgré l'effervescence de ces dernières heures, je réalise à peine ce qui est en train de se passer. Légèrement angoissé, je m'assois près de mon grand frère. Roch-Sylvain n'a pas l'air rassuré lui non plus. Nous sommes tous les deux préoccupés par la réaction de notre mère quand elle apprendra notre départ. Ce n'est quand même pas banal de partir en Gaspésie, comme ça, sans avertissement. Et d'ailleurs, comment va-t-elle donc pouvoir nous retrouver ?

Tout en ressassant ces pensées, je regarde par la fenêtre de l'autobus et j'observe la route défiler sous nos yeux. Peu à peu, l'obscurité commence à se dissiper et les premiers rayons de soleil percent à l'horizon. Malgré le tumulte d'émotions qui m'habite, je ne peux m'empêcher de m'émerveiller devant ce magnifique lever de soleil. Qui sait ce que nous réserve cette nouvelle vie ?

***

ROCH-SYLVAIN

Les heures passent assez rapidement, malgré tout. Il faut dire qu'une atmosphère plutôt joyeuse règne dans l'autobus où les cantiques religieux se succèdent au fil des kilomètres que nous parcourons. J'aime toujours chanter avec le groupe, que ce soit le « Ô gloria » ou « Entre tes mains j'abandonne tout ce qui est mien ».

Il est environ midi et nous voilà déjà aux abords du golfe Saint-Laurent. Ici, le fleuve s'élargit à perte de vue. Fatigués par ces nombreuses heures de route, nous décidons de faire une première halte. À proximité de Cap-aux-Renards, nous repérons un magnifique endroit au bord de l'eau. En sortant de l'autobus, je suis émerveillé par la beauté du paysage et par la quiétude du site où nous avons choisi de faire escale. La végétation y est si dense qu'on devine à peine la route 132 au travers du feuillage, bien qu'en réalité elle ne soit qu'à une cinquantaine de mètres de la rive. Une jolie plage de sable beige borde le fleuve sur une vingtaine de mètres, cernée par une forêt de feuillus mêlés de conifères. Les arbres s'étagent sur un escarpement, tantôt tapissé de feuilles exhibant toute la palette des couleurs automnales ou qui, soudain, laissent voir des rochers déchiquetés couverts de sphaigne.

Un peu plus loin sur la berge, je remarque l'embouchure d'un cours d'eau, large d'environ cinq mètres, qui se jette dans le fleuve. Je m'en approche pour l'observer et je suis surpris par la limpidité du flot. Je trempe ma main pour immédiatement éprouver une vive sensation de fourmillement tellement l'eau est froide. Jamais de ma vie je n'ai goûté à de l'eau à la fois si pure et si glaciale. En tendant l'oreille, bien qu'assourdie par la distance, je devine la rumeur d'une cascade cachée au cœur de la forêt. Tout est si beau qu'on pourrait se croire au paradis terrestre.

Mais il n'y a pas de temps à perdre. Papa nous rappelle à la réalité, car nous avons beaucoup à faire pour préparer le campement et le repas. Au cours de l'après-midi, nous dressons une dizaine de tentes tandis que quelques hommes du groupe partent à la pêche sur le fleuve dans un canot à quatre places. À leur retour, nous sommes comblés par les fruits de leur pêche improvisée, principalement constitués de maquereaux et de morues. Les cuisinières se mettent au travail. Les poissons sont rapidement apprêtés de poivre, d'oignon, de persil, badigeonnés de beurre et enveloppés dans du papier d'aluminium pour être ensuite jetés sur la braise ardente. À peine quelques minutes de chaque côté et le tour est joué. Un pur délice!

Par souci d'économie, rien n'est perdu. Les têtes de poissons sont utilisées pour faire de la soupe alors que les filets restants sont séchés au soleil, suspendus à une broche ou étalés sur un long filet métallique soutenu par une rangée de petits poteaux plantés dans le sable.

Le soir venu, tout le groupe se rassemble autour du feu. On sort les guitares et on se met à chanter nos cantiques préférés. Dans une ambiance teintée de joie et de recueillement, nous savourons ce bonheur d'être réunis dans un lieu aussi merveilleux. De toute ma courte vie, je n'ai jamais gardé le souvenir d'un tel bonheur.

Les jours passent tandis que la vie suit son cours dans notre campement de Cap-aux-Renards. Laissée à elle-même pendant presque toute la journée, notre petite bande d'enfants s'est transformée en un groupe de joyeux explorateurs. On ne se lasse pas d'arpenter la nature environnante. Bien sûr, de temps en temps, nous sommes ramenés à l'ordre afin de poursuivre notre étude des enseignements bibliques. Mais autrement, c'est la liberté la plus totale! Jamais je n'aurais pu imaginer de plus belles vacances!

***

Après une dizaine de jours, l'heure est venue de lever le camp afin de poursuivre notre route. Papa nous annonce que nous allons maintenant nous diriger vers l'île Bonaventure. C'est le trajet qui lui a été dicté par Dieu dans ses songes. Les bagages sont bouclés de nouveau, à l'exception des réserves alimentaires qui sont déjà toutes emmagasinées dans l'autobus. Et nous voilà une fois de plus lancés vers l'inconnu, laissant derrière nous ce petit paradis où j'aurais bien aimé rester plus longtemps.

Dans mon for intérieur, j'ai l'intuition que nous serons guidés en direction d'un site similaire. Je voue une confiance aveugle aux nombreuses révélations que mon père affirme toujours expérimenter durant ses nuits de réflexion. Il fait souvent allusion à un terrain boisé, au pied d'une montagne, qu'il a déjà baptisé le mont de l'Éternel. C'est là notre destination finale, bien que nous n'ayons pas encore une idée exacte du trajet à parcourir pour y parvenir.

C'est à la Baie-des-Chaleurs que nous décidons d'établir notre nouveau campement. Ici, nous sommes réellement au bord de la mer et, contrairement au site de Cap-aux-Renards, la vue sur les environs est large. En dépit de la chaleur estivale, nous sommes constamment rafraîchis par la brise de l'océan. Encore une fois, quel bonheur !

Un matin, une femme du groupe avertit papa qu'elle a eu en rêve la prémonition du lieu où nous étions appelés à nous rendre. Ravi, papa s'empresse d'ajouter qu'il a lui aussi fait un rêve semblable. Ils décident donc de partir ensemble en exploration pour trouver cette fameuse terre promise. À leur retour, quelques heures plus tard, ils sont tous les deux dans un véritable état d'extase ! De fait, ils ont bel et bien découvert la terre que leur avait indiquée en songe notre Dieu l'Éternel.

Certains sont enthousiasmés par la nouvelle tandis que d'autres semblent plutôt inquiets. Le soir venu, alors que nous sommes tous rassemblés autour du feu et que nous louangeons l'Éternel d'avoir guidé les pas de mon père sur la route de notre future destination, j'entends soudain des cris qui proviennent de l'autobus. Inquiet, je me retourne vers Louiselle et je lui demande ce qui se passe.

— Dis, Mamy, pourquoi Angèle et papa ils crient aussi fort?

— Ah, ce n'est rien de grave, Aaron. C'est que ton père doit chasser l'Esprit du Mal qui tend toujours à s'emparer d'Angèle.

Après une vingtaine de minutes, qui me semblent une éternité, l'altercation prend fin et je les vois tous deux sortir du véhicule. À la lueur du feu, je remarque des traces de larmes qui luisent encore sur leurs joues. Pendant un moment, je reste songeur, puis j'en déduis que papa a certainement dû la remettre sur le droit chemin.

***

Nous sommes le 9 juillet 1978. On se prépare pour la dernière partie du voyage dont l'objectif ultime est de couper tous les liens avec la société. Juste avant le départ, papa rassemble les membres du groupe autour du feu et prend un ton solennel: « Mes amis, n'oubliez pas que pour nous rapprocher du royaume des cieux, il faut se purifier davantage et se départir de toute habitude mondaine rattachée à la puissance du Mal. C'est pourquoi je vous demande de jeter au feu vos bijoux, vos pièces d'identité incluant votre carte d'assurance-maladie. Dans la nature, nous trouverons tout ce dont nous avons besoin pour nous soigner. Désormais, nous n'aurons plus à nous soucier de notre apparence physique et c'est pourquoi je demande aux femmes de se départir aussi de leur trousse de maquillage. De plus, il vous faut brûler tous les souvenirs reliés à votre passé : numéros de téléphone, photos, lettres, bref, tout ce qui appartient à ce monde corrompu. Rappelez-vous que l'entrée du royaume est aussi étroite que le chas d'une aiguille. C'est en cheminant sur le sentier escarpé de la justice, à la suite du Maître tout-puissant qui nous guide tous, que vous grandirez et que, par les souffrances révélatrices qui vous seront imposées, vous pourrez assurer votre salut, puisque nous sommes les seuls élus sur cette terre. »

Malgré l'éloquence dont notre père a fait preuve durant ce discours, un petit silence semble trahir l'étonnement des membres de la communauté. Mais leur hésitation est de courte durée et tous se rallient à la volonté de papa. En jetant au feu nos derniers effets personnels, nous réitérons notre désir d'adhérer à ce nouveau mode de vie qui, le Jour venu, nous permettra d'accéder au royaume des cieux.

CHAPITRE 9
La Gaspésie

FRANÇOIS

Ça y est! Nous sommes arrivés tout près du mont Éternel, cette terre promise que papa a vue en rêve. Du village de Saint-Jogues, à l'intérieur des terres gaspésiennes, nous pouvons déjà distinguer son lointain sommet qui domine l'interminable étendue d'une forêt étonnamment touffue. Après quelques minutes d'arrêt, pour s'assurer que nous sommes bel et bien dans la bonne direction, le cortège s'ébranle de nouveau pour s'enfoncer dans un ancien chemin forestier. La route est difficile et cahoteuse. Il faut conduire prudemment.

Rivé à la fenêtre, je suis fasciné par la densité de la végétation et par l'impressionnante quantité de conifères serrés les uns contre les autres. L'humidité dans l'air est très élevée, ce qui rend la chaleur presque insupportable. Plus nous avançons, plus se multiplient les craquements des branches qui se rompent au passage de l'autobus. On se croirait en pleine forêt vierge!

Soudainement, l'autobus s'arrête, car un autre véhicule est en difficulté. C'est le vieux station wagon qui n'en peut plus. Des branches ont perforé la grille du radiateur et le moteur surchauffe dangereusement. Papa, aidé de quelques hommes, tente de réparer le véhicule, mais en vain. Il faut se résigner et abandonner la voiture sur place. Et hop! Tous les bagages et les passagers viennent s'entasser dans l'autobus déjà bondé. En redémarrant, il devient évident que nous sommes trop chargés, car le véhicule peine à se frayer un chemin dans le bois. Pour la première fois, je commence à réellement douter que nous arriverons à destination.

Après deux heures de pénibles efforts, l'autobus s'immobilise devant une fourche. Jusqu'à présent, nous n'avons parcouru que quatre ou cinq kilomètres et déjà nous sommes épuisés. Il ne faudrait surtout pas se tromper de chemin en plus! Perplexe, papa décide de prendre la voie de gauche, sur un sentier qui descend abruptement avant de remonter tout aussi brusquement. Arrivé en bas, par malchance, l'autobus s'enfonce dans la boue. Nous n'avons d'autre choix que de sortir du véhicule afin de le dégager à coups de pics et de pelles. « Courage, nous dit papa, rappelez-vous que l'union fait la force et qu'à partir de maintenant, tout fruit récolté sera le résultat de notre dur labeur. »

Nous voilà tous à l'ouvrage, dans la chaleur accablante de la forêt, en train de pelleter dans la boue et la terre noire pour dégager les immenses pneus de l'autobus. Sans rechigner, je me suis plié à la décision de papa, mais je suis loin d'être convaincu de notre capacité à sortir ce lourd véhicule de sa fâcheuse position. Après quelques minutes de travail, je réalise que je suis entouré par une nuée de mouches noires incroyablement affamées. En regardant autour de moi, je constate avec horreur que nous sommes assaillis par ces escadrons d'insectes voraces et assoiffés de sang. Autour de nos têtes et de nos membres exposés, ils tourbillonnent à la recherche d'un morceau de chair où se repaître. Habiles et sournois, ils réussissent à s'infiltrer dans les ouvertures de nos vêtements, des manches de gilets au bas de pantalons, à défaut de s'en prendre tout simplement à nos visages ou à nos oreilles. C'est atroce! Je n'ai jamais vu autant de mouches noires de ma vie! Affolé, je regarde Roch-Sylvain qui court dans tous les sens, essayant de fuir les attaquantes qui ne le lâchent pas d'une semelle. Épouvantés, nous cherchons un moyen de nous protéger contre ces armées de cannibales ailés. Mon frère a soudain une idée géniale: nous enduire la peau d'huile à chaîne pour tronçonneuse. Miracle! Ça fonctionne! Nous sommes tranquilles, pour quelques heures du moins, le temps de nous remettre au travail.

Trois heures plus tard, l'autobus est finalement dégagé et nous reprenons notre route. Quelques kilomètres plus loin, nous découvrons une petite clairière qui semble idéale pour dresser notre campement. À peine avons-nous le temps de commencer à décharger nos bagages, que nous sommes interrompus par l'arrivée de gardes forestiers. Ils ne semblent pas du tout heureux de nous voir camper ici.

— Eh, vous êtes sur une propriété privée. Étiez-vous au courant? Vous n'avez pas le droit de camper ici!

Mon père les regarde fixement et leur réplique durement:

— Mais de quel droit nous parlez-vous ainsi ?
— On est des gardes forestiers à l'emploi du gouvernement provincial. On peut pas vous laisser camper ici. Où allez-vous exactement ?
— Nous sommes à la recherche d'un site à proximité d'une montagne, leur répond papa.
— Ah, vous voulez dire le lac Sec ? Là, vous pourriez camper, parce que ce sont des terres de la Couronne. Mais vous êtes pas dans le bon chemin : vous auriez dû prendre la voie de droite à la fourche. Va falloir retourner sur vos pas. Si vous voulez, on va revenir demain pour vous montrer le chemin parce que le sentier s'arrête avant d'arriver au lac.
— Est-ce qu'il y a une montagne ?
— Oui, c'est le mont Trinité. Et le lac se trouve juste au pied de la montagne. Heureusement pour vous qu'on est au début de la saison parce que la nappe d'eau s'assèche complètement durant l'été, avant de revenir avec les pluies d'automne.
— Quelle chance de vous avoir rencontrés ! Leur dit papa avec enthousiasme.
— On va venir vous rejoindre de bonne heure demain matin, devant la fourche, d'accord ?
— Pas de problème, et merci encore...

À la suite à cette rencontre, papa nous confirme qu'une fois de plus, Dieu nous est venu en aide puisque, sans cette rencontre, nous nous serions davantage enfoncés dans les bois en nous éloignant de notre montagne.

***

Au matin, nous avons toute une surprise! Il est à peine six heures trente que les gardes forestiers sont déjà de retour, mais cette fois, au volant de deux gros tracteurs de ferme! C'est vraiment gentil de leur part. Ils ont bien vu que nous ne réussirions jamais à nous rendre jusqu'au pied de la montagne avec notre gros autobus surchargé de bagages. La route est beaucoup trop accidentée, même si le site du lac Sec n'est en réalité qu'à une quinzaine de minutes de marche. C'est d'ailleurs pourquoi les gardes proposent à papa de s'y rendre à pied, une première fois, afin d'inspecter les lieux.

À son retour, papa est extatique en nous décrivant la beauté de l'emplacement: c'est bel et bien l'endroit que Dieu lui a indiqué en rêve. Ne reste plus qu'à s'y rendre et à y apporter tout le matériel. Notre petit groupe s'apprête au départ et, en quelques minutes à peine, l'autobus est attaché à l'un des tracteurs par un grand câble d'acier pour être remorqué jusqu'à destination. En progressant sur le sentier parsemé de talles d'aulnes, je me range à l'avis des gardes forestiers: notre autobus n'aurait jamais pu se rendre à destination.

Plus nous avançons, plus la forêt s'épaissit. Les hommes prennent les devants, car ils doivent abattre quelques arbres pour dégager le sentier. Tout à coup, au loin, je devine une surface d'eau miroitante et je m'écrie aussitôt: «Je vois le lac!» Je suis si excité que je cours à l'avant du groupe pour arriver le premier aux abords du lac Sec. En levant la tête vers le ciel, je peux enfin admirer notre montagne sacrée:

le mont Trinité que nous appellerons dorénavant le mont Éternel.

***

ROCH-SYLVAIN

J'ose à peine y croire : nous sommes parvenus à la Terre promise !

Après un premier moment d'extase à admirer la beauté de la montagne et à écouter le chant des oiseaux, je suis soudain ramené à la dure réalité. Je prends conscience que nous sommes cernés par une armée de conifères où pullulent les insectes carnivores et que nous sommes à des kilomètres du village le plus près.

Quand je pense que j'imaginais arriver dans un lieu aussi bucolique que notre site de Cap-aux-Renards ou de la Baie-des-Chaleurs ! Ici, nous aurons décidément beaucoup de pain sur la planche pour nous installer de manière permanente. D'ailleurs, dès le départ des gardes forestiers, la troupe s'affaire déjà à monter le campement qui servira à nous héberger pendant toute la durée des travaux d'installation. Car nous ne sommes pas ici pour passer quelques semaines de vacances, mais bien pour nous y établir dans l'attente du Jugement dernier.

Tel que l'a prévu papa, nous devons dès maintenant défricher toute une zone pour nous permettre de construire les fondations de notre future demeure. En dégageant ce petit lopin de terre, j'imagine que nous devrions réussir à atténuer la présence des moustiques.

Car pour le moment, nous sommes en pleine forêt et nous nous faisons littéralement dévorer!

Mais puisque Dieu en a décidé ainsi, nous allons certainement trouver le courage de traverser cette nouvelle épreuve.

***

FRANÇOIS

Les jours passent, et nous travaillons du matin au soir. Tout au long de la journée, la forêt retentit du rugissement des tronçonneuses. Les tâches sont clairement définies par papa: les hommes travaillent à l'abattage des arbres tandis que les femmes et les enfants sont chargés de les ébrancher et de les écorcer. Le travail le plus difficile est certainement l'essouchage des gros arbres, mais papa a mis au point une technique assez efficace. À l'aide d'une solide chaîne et d'un astucieux assemblage de rondins qui joue le rôle de pivot, six personnes peuvent suffire à arracher la plupart des souches. Cependant, le travail est si difficile que j'en perds parfois le souffle lorsque c'est à mon tour de m'atteler à la chaîne. Les plus grosses souches, que nous ne réussissons pas à déraciner, nous les déterrons du mieux que l'on peut pour les étêter à la hache ou à la tronçonneuse, puis on coupe les racines qui courent à la surface pour finalement recouvrir le tout avec de la terre. C'est vraiment un travail fastidieux.

Peu à peu, le terrain prend forme. Bientôt il sera prêt à recevoir les fondations de notre future demeure. J'ai bien hâte de passer à cette nouvelle étape de notre installation. C'est papa qui est en charge de dessiner les plans de cette maison. Tel que Dieu le lui a indiqué en rêve, ce sera une spacieuse demeure, dotée de nombreuses pièces, et dans laquelle nous pourrons habiter tous ensemble.

Avec tout ce travail physique, mon estomac crie presque toujours famine. Il faut dire que nos repas ne sont pas à la hauteur des efforts que nous déployons. Inquiet de voir nos réserves de nourriture diminuer rapidement, papa a pris la décision de nous rationner. Or, ce régime minceur, c'est décidément trop peu pour moi. J'ai parfois si faim que je suis pris d'étourdissements. Heureusement, j'ai fini par trouver la cachette de nourriture et, avec la complicité de mon frère, je vais régulièrement voler des céréales que nous dévorons clandestinement dans le bois. Prions seulement pour que papa ne nous surprenne pas!

Au fil des semaines, l'été avance et le lac s'assèche de plus en plus. La jolie étendue d'eau n'est maintenant plus qu'une mare bourbeuse, malodorante et manifestement insalubre. Les têtards et autres petites bestioles aquatiques y sont si nombreux que nous ne voulons même plus y laver nos vêtements. L'assèchement du lac fait craindre à mon père que la source d'eau potable que nous utilisons pour boire ne vienne elle aussi à se tarir. Papa a donc décidé de rationner notre consommation d'eau potable. Il a même commencé à nous distribuer des morceaux de sel, chaque jour, pour diminuer notre transpiration. Le moins qu'on puisse dire, c'est que nous sommes désormais bien loin de la petite vie douillette que nous menions à Thetford Mines ou à Sainte-Marie-de-Beauce.

La Gaspésie **71**

Malgré tout l'inconfort et les désagréments de ce nouveau mode de vie, je m'habitue peu à peu à la forêt. Je ne me lasse pas de découvrir de nouvelles espèces de plantes ou d'insectes. Ma curiosité d'enfant prend régulièrement le dessus sur l'épuisement physique ou psychologique qui autrement aurait pu m'abattre. Et de toute manière, mieux vaut s'habituer dès maintenant, car nous sommes ici pour y rester, du moins jusqu'à ce que Dieu l'Éternel en décide autrement.

CHAPITRE 10
La fin du premier séjour en Gaspésie

FRANÇOIS

Combien de temps s'est écoulé depuis notre arrivée ici? Je ne le sais pas. Trois, quatre ou cinq semaines? C'est difficile à dire. Complètement isolés au cœur de la forêt gaspésienne, à travailler tous les jours d'arrache-pied, nous avons perdu tout repère et tout contact avec le monde extérieur. La construction de la maison avance lentement, mais sûrement. Les billots s'empilent graduellement sur les fondations. Grâce au travail acharné de tous les membres de la commune, les murs ont déjà atteint une hauteur de deux mètres. Quand tout sera terminé, ce sera un véritable palace!

À force d'ébrancher et d'écorcer des conifères, la peau de nos membres et de notre visage est presque toute couverte de résine. Roch-Sylvain et moi, nous détestons ça et, chaque jour, nous profitons d'un moment de répit pour essayer de nous débarrasser d'une partie de cette gomme d'épinette. Aujourd'hui, nous sommes tellement excédés par nos tatouages de résine que nous avons décidé de surmonter notre dégoût pour nous tremper un peu dans ce qui reste du lac Sec. Tandis que nous essayons tant bien que mal de dégommer nos bras et nos jambes, mon attention est attirée par l'arrivée de visiteurs. J'éprouve d'abord une immense curiosité, car nous ne recevons pour ainsi dire jamais personne. Mais ma surprise se transforme vite en stupéfaction lorsque je réalise qu'il s'agit de maman, accompagnée de son nouveau copain et de deux policiers de la Sûreté du Québec. Sans pouvoir distinguer ses propos, je comprends immédiatement qu'elle a l'air bien énervée et que papa est en train de se faire royalement engueuler.

Immobile, j'observe la scène. Et soudain, je prends conscience, à mon grand étonnement, d'avoir presque oublié que nous avions une maman. Une maman qui nous attendait à Thetford Mines et qui devait se faire bien du souci depuis que nous avions quitté Sainte-Marie-de-Beauce sans laisser d'adresse.

Je fais signe à Roch-Sylvain qui, jusqu'à maintenant, était tout occupé à se récurer. Je constate que la scène semble avoir un impact similaire sur mon frère. Figé comme une statue, lui aussi paraît abasourdi. Que va-t-il nous arriver ?

***

ROCH-SYLVAIN

Même si j'aurais dû y penser, je ne m'étais pas imaginé devoir ainsi quitter mon père et tous ceux qui forment désormais notre nouvelle famille. Maman est furieuse contre papa et il est hors de question qu'elle nous laisse

La fin du premier séjour en Gaspésie **75**

ici, ne serait-ce qu'une journée de plus. Il faut reconnaître que nous ne sommes probablement pas très beaux à voir. Sales, ébouriffés, nous sommes en plus vêtus d'une minijupe de nylon, en vertu du nouveau code vestimentaire que nous a imposé notre père depuis le jour où nous avons dû nous départir de tous nos effets personnels. En plus de la crasse et de nos tatouages de résine, notre mère n'est certainement pas sans remarquer que nos ventres ont commencé à gonfler en raison de la sous-alimentation. Elle n'en revient tout simplement pas de nous voir dans un pareil état.

Après avoir abreuvé papa de reproches, invoquant le non-respect de ses droits de garde, sans oublier ses omissions de payer les pensions alimentaires, puis en menaçant de le poursuivre en cour pour enlèvement d'enfants, maman clôt la conversation en décrétant qu'elle nous ramène avec elle sur-le-champ. Point à la ligne. Nous comprenons, mon frère et moi, qu'il s'agit d'une décision sans appel. D'ailleurs, notre père lui-même ne semble pas en mesure de s'y opposer.

Le cœur gros, nous nous préparons pour le départ. Alors qu'ils étaient jusque-là demeurés à distance, les membres du groupe se rapprochent de nous et nous les embrassons l'un après l'autre. Louiselle m'étreint affectueusement avant de m'embrasser sur les joues. Dans les bras de mon père, je remarque qu'il a les yeux embués de larmes et je ne peux m'empêcher d'éclater en sanglots. Je me sens déchiré, tout comme cette nuit d'hiver où je l'ai vu quitter la maison familiale. Terrifié à l'idée de ne jamais le revoir, je parviens tout de même à me ressaisir avant de suivre maman.

Reprenant en sens inverse le sentier qui nous avait conduit au pied du mont Éternel, il y a quelques semaines de cela, je n'arrive toutefois pas à réaliser que nous retournons dans le monde réel, que nous allons reprendre notre petite vie à Thetford Mines. Une vie si différente de ce que nous avons connu ici avec papa et ses amis. En me retournant, j'envoie une dernière fois la main au groupe qui disparaît peu à peu à l'horizon. Malgré mon accablement, je ne peux m'empêcher de retrouver un certain optimisme. Car j'en ai la conviction : oui, c'est certain, nous reviendrons un jour ici.

CHAPITRE 11
Une année à Thetford Mines

> **FRANÇOIS**

De retour à Thetford Mines, nous reprenons rapidement nos habitudes dans le logement de la rue Omera. D'abord beaucoup plus affecté que moi d'avoir été séparé de papa, mon frère Roch-Sylvain retrouve assez vite le sourire. Surtout quand il sait qu'il pourra tout de même se rendre à son camp de louveteaux. J'éprouve une légère pointe de jalousie, car j'aimerais bien y aller, moi aussi, mais maman me promet de trouver une solution.

De fait, maman tient sa promesse. Mon frère et moi, nous allons passer quelques jours dans un camp de vacances où nous ferons du canot et du camping. Tout se passe très bien, jusqu'à ce qu'un garçon du groupe décide de faire le malin et demande à la ronde : « Vous savez pourquoi on est icitte ? Parce qu'on est des B.S. Icitte, c't'un camp pour les enfants de B.S. » Roch-Sylvain riposte immédiatement en affirmant que non ! Notre mère n'est pas une assistée sociale. Sauf qu'à partir de là, il se fait niaiser par un petit groupe de comiques. Ce séjour, qui a pourtant commencé dans la joie, s'achève donc par une grande déception.

ROCH-SYLVAIN

Les mois passent. Nous avons repris l'école depuis un bon moment déjà, mais je ne réussis pas à me débarrasser de ce sentiment de solitude qui m'habite depuis que nous avons quitté la Gaspésie. Je suis littéralement déchiré entre deux mondes : celui de papa, qui se donne corps et âme aux missions que Dieu lui a confiées, et celui de maman, tellement plus conventionnel.

À l'école, j'essaie de me faire le plus discret possible au sujet du mode de vie adopté par mon père. Malheureusement, c'est de plus en plus difficile de passer inaperçu, car papa fait fréquemment les manchettes des journaux régionaux. À mon grand désarroi, il est devenu une sorte de célébrité locale. En effet, les journalistes font leurs choux gras de cette nouvelle commune – que plusieurs décrivent comme une secte religieuse – et papa fait figure de sympathique excentrique. Évidemment, tout le monde à Thetford Mines sait que je suis son fils. D'ailleurs, comment le cacher : je porte le même nom que lui !

Novembre 1978. Nous sommes en visite chez notre grand-mère Grenier, à Saint-Joseph-de-Coleraine. Pendant que grand-maman prépare ses merveilleux ketchups aux tomates vertes, maman attrape distraitement un journal pour soudain pousser un cri de stupéfaction. La première page est divisée en deux. Sur une moitié, on voit la photo d'une dizaine de cadavres alignés sur le sol : ce sont des fidèles de Jim Jones. Des centaines d'entre eux sont morts empoisonnés au cyanure par ordre de leur gourou. Sur l'autre moitié de la page, on voit mon père, photographié dans la forêt gaspésienne, portant fièrement sa jupe de nylon, le pied fermement appuyé sur la souche d'un arbre.

Eh oui! Depuis qu'il a publiquement annoncé la fin du monde pour le 17 février 1979, mon père est devenu notre gourou national. Il fait la une des grands journaux et il accorde même des entrevues à la radio et à la télévision. Tout le Québec le connaît maintenant! Cependant, avec la tragédie de Jonestown, où plus de 900 personnes sont mortes, la plupart volontairement, en répondant aux vœux de leur gourou, il va de soi que mon père et ses acolytes commencent à susciter une certaine méfiance.

Malgré mon étonnement, je ne laisse rien paraître afin de mieux épier la conversation entre ma mère et ma grand-mère.

— Qu'est-ce que tu penses de ça? demande grand-maman, visiblement agacée. As-tu déjà vu pire?

— Je crois qu'il est vraiment fou, répond maman, d'un ton exaspéré. Y'a pas à dire.

C'est plus fort que moi. Je ne peux m'empêcher de me mêler à la conversation et je m'écrie: « Papa n'est pas fou! »

— Roch-Sylvain, tu n'as même pas idée des problèmes que ça va te causer. Que tu le veuilles ou non, ton père, il est fou! Compris?

Ravalant ma rage, je me tais, sachant fort bien qu'il vaut mieux ne pas argumenter avec maman dès qu'il est question de mon père.

CHAPITRE 12
Le retour en Gaspésie

Été 1980

FRANÇOIS

Quel revirement de situation! Nous retournons habiter avec papa en Gaspésie. Jamais je n'aurais pensé repartir aussi rapidement. Le moins qu'on puisse dire, c'est que maman a été bien claire avec nous: «Vous avez le choix. Vous retournez habiter avec votre père ou je vous place en famille d'accueil.» Maman n'est tout simplement plus capable de nous endurer.

Il faut dire que Roch-Sylvain et moi, cette année, on ne lui a pas fait la vie facile, à notre mère. Bien qu'encore très jeunes – moi, j'ai 8 ans et Roch-Sylvain a 10 ans –, nous sommes les pires garnements de Thetford Mines. Pas seulement des petites pestes, mais de vrais monstres.

Seule pour subvenir à nos besoins, notre mère travaille souvent comme serveuse le soir. Confiés aux soins de gardiennes trop souvent négligentes, nous multiplions les mauvais coups, semaine après semaine. Nous sommes déjà des spécialistes du vol à l'étalage et de vrais menteurs professionnels.

Cet hiver, j'ai bien failli mourir pour ne pas avoir écouté ma mère, car je suis me suis perforé la rate en tombant du toit d'un garage. Cela m'a coûté une opération et un séjour de deux semaines à l'hôpital. Cette bêtise-là, ma mère n'est pas près de l'oublier.

Il y a quelques mois, nous avons même fait l'actualité de Thetford Mines en incendiant accidentellement tout un immeuble en construction. Avec nos copains, on s'est amusés comme des fous dans ce chantier laissé sans surveillance. On roulait en vélo dans les corridors, on défonçait les murs. Les choses ont mal tourné quand on a commencé à jouer avec des allumettes et que le feu a pris dans un tas de déchets. On a eu peur et on a filé à toute vitesse. Quand ma mère a découvert ça, elle était plus furieuse que jamais. Elle nous a envoyés dans notre chambre en maugréant : « Là, je ne veux plus entendre un mot, sinon je ne réponds plus de moi ! »

Cette semaine, elle a craqué. Elle n'en peut plus. C'est certain qu'entre la famille d'accueil et notre père, on a choisi d'aller rejoindre papa en Gaspésie. Ça fait si longtemps qu'on ne l'a pas vu.

Je suis tellement content de retourner là-bas ! Papa nous écrit de temps en temps et il nous envoie même des photos. Le campement a beaucoup changé depuis l'été dernier. Ils sont à présent très bien installés dans la grande maison. Pour les aider dans leurs travaux, ils ont fait l'acquisition d'un cheval nommé Tourbillon. J'ai hâte de le voir en vrai, ce Tourbillon, et de me faire tirer en charrette dans la forêt. Maintenant que les travaux

Le retour en Gaspésie 83

d'installation sont terminés, il me semble que ça va être le vrai bonheur là-bas, à passer toutes nos journées dehors dans la nature. Rien de comparable avec notre petite vie, ici, à Thetford Mines!

Après avoir préparé nos bagages, maman nous emmène en voiture chez sa sœur, qui habite à Lévis, non loin de la gare d'où, Roch-Sylvain et moi, nous prendrons le train pour la Gaspésie. Comme le départ n'est prévu qu'en soirée, nous passons le reste de la journée ensemble. Ma mère en profite pour nous répéter ses recommandations. Elle nous demande de nous tenir tranquilles dans le train. C'est vrai que nous sommes d'un naturel plutôt turbulent. Elle veut aussi nous rassurer en nous disant que papa va nous attendre à la gare. Et, sans doute pour calmer aussi bien ses inquiétudes que les nôtres, elle nous remet à chacun un billet de 50 dollars! Je dois dire que j'étais vraiment impressionné de me retrouver avec autant d'argent dans mes poches. On peut dire que maman a fait les choses en grand car, comme il s'agit d'un voyage de nuit, elle nous a même pris une chambrette dotée de couchettes! Ça va être tout un voyage, c'est certain!

Le soir venu, au moment de se quitter, sur le quai de la gare, maman nous embrasse en nous distribuant tout plein de câlins. En montant dans le train, nous sommes un peu tristes de la quitter mais, en même temps, tellement excités par l'aventure qui nous attend. D'ailleurs, avec 50 $ en poche chacun, le voyage s'annonce plutôt bien. Rapidement, nous dépensons le premier billet en tablettes de chocolat et nous nous empiffrons pendant plusieurs heures avant de nous écraser dans nos couchettes, paralysés par un indescriptible mal de cœur. Comme nous l'avait demandé maman, nous sommes restés très tranquilles tout le long du voyage!

À notre arrivée à la gare de Gaspé, papa est là qui nous attend sur le quai. Je pensais avoir à le chercher dans la gare, mais avec sa grosse barbe noire, je ne peux vraiment pas le manquer. Il nous fait de grands signes et on se précipite dans ses bras. Nous sommes tous les trois si heureux de nous retrouver.

Nous repartons en voiture et, comme nous l'avions fait l'année précédente, nous empruntons le chemin forestier à partir du village pour nous approcher du site du mont Éternel. Le chemin est un peu plus praticable que la dernière fois, mais il faut tout de même arrêter la voiture bien avant d'arriver à la maison.

À l'entrée du domaine, j'aperçois le cheval Tourbillon, attaché à la clôture. Tel que je l'avais imaginé, à mon grand bonheur, c'est Tourbillon qui nous emmène jusqu'à la résidence située quelques kilomètres plus loin. Entassés dans une carriole de fortune, bricolée avec d'anciens pneus et toute bariolée de fleurs et de couleurs, nous parvenons enfin à destination. Toute la petite communauté est là pour nous accueillir: douze femmes, trois hommes, quelques enfants et même des nouveau-nés! Papa est particulièrement fier de nous présenter Joseph, premier fils né de son union avec Mamy.

Nous sommes reçus comme des princes et une fête est organisée pour souligner notre retour. On mange des petits hors-d'œuvre, on sort les guitares et on chante nos cantiques traditionnels.

        Je file le parfait bonheur. Tout me semble extraordinaire et je suis très heureux d'avoir quitté Thetford Mines pour venir vivre ici. Mais dans la soirée, un événement vient troubler mon enchantement. Mon père nous demande de lui remettre le 50$ qu'il nous reste. D'un geste désinvolte, il le jette au feu sous prétexte que ça vient de notre mère et du passé, et que nous n'en aurons plus besoin ici. Je suis stupéfait. Je n'en reviens tout simplement pas qu'on puisse brûler de l'argent et je ne comprends pas non plus pourquoi papa veut absolument faire disparaître toute trace de notre passé.

CHAPITRE 13
La vie dans la commune

ROCH-SYLVAIN

Quel contraste entre l'état des lieux lors de notre départ précipité, il y a deux ans, et aujourd'hui. Visiblement, les membres du groupe ont travaillé d'arrache-pied, car la maison est maintenant érigée, isolée et divisée en plusieurs pièces pour loger toute la communauté. Papa s'est réellement surpassé en dessinant les plans de cette vaste habitation collective, dotée de chambres, d'une cuisine, d'un sauna et d'une salle communautaire. C'est dans cette grande pièce que se trouve le foyer du brasier de l'Éternel qui ne doit jamais s'éteindre.

Tel que le souhaitait papa lors de notre départ vers la Gaspésie, nous vivons ici totalement à l'écart de la société. Chaque jour, nous travaillons tous très fort pour assurer notre subsistance. Sous la supervision constante de papa, tous les membres du groupe se voient assigner des tâches précises afin de combler l'ensemble de nos besoins quotidiens. Bien sûr, rien n'est laissé au hasard, mais deux activités sont particulièrement cruciales : l'approvisionnement en bois pour alimenter le foyer et le poêle de la cuisine, et la préparation des repas. Tout est strictement planifié.

Les membres de la commune, hommes et femmes, travaillent généralement dans la forêt, à couper, ébrancher et scier les arbres en billots d'environ 10 pieds de long, que Tourbillon tire ensuite jusqu'à proximité de la demeure. Une fois sur place, le bois est scié en bûches qui sont alors fendues puis cordées à l'intérieur. Outre ce travail de bûcheron, nous avons aussi la responsabilité d'entretenir le potager, le poulailler et aussi de cueillir les petits fruits de saison. Quant à la préparation des trois repas quotidiens, cette tâche est confiée à trois des femmes. Régulièrement, des aliments sont mis en conserve et entreposés dans le grand caveau souterrain où ils vont rejoindre les importantes réserves de poisson mariné et de viandes de chasse.

C'est toutefois bien rare que nous ayons l'occasion de goûter à ces intéressantes provisions de nourriture. Pour nous aider à nous purifier de nos péchés et à nous expurger de nos besoins charnels, papa nous contraint à un régime extrêmement strict, principalement composé d'orge. Peu habitué à manger la même chose trois fois par jour, tout en travaillant très fort physiquement, j'ai peine à m'accommoder de cette nouvelle diète. Comme je l'avais expérimenté lors de notre premier séjour ici, mon estomac crie presque toujours famine et je me sens souvent très faible. Mais bon, je suppose que papa a raison et que mon corps va s'adapter à ces modestes conditions de vie.

Ce qui a bien changé aussi, depuis deux ans, c'est l'atmosphère qui règne au jour le jour dans la communauté. Papa est maintenant reconnu comme le maître incontesté du groupe, et chacun lui obéit au doigt et à l'œil. Il exerce un contrôle absolu sur tous les membres de la communauté. C'est lui qui dicte les actions de chacun et absolument tout doit passer par lui. D'ailleurs, ses fidèles l'ont rebaptisé Moïse. Et même s'ils semblent unanimes à reconnaître le pouvoir absolu de papa, en tant que représentant de Dieu sur terre, je sens que certains sont parfois écrasés par son autorité, comme s'ils avaient réellement peur de lui. C'est vrai qu'il est un peu brusque dans ses manières, mais pourtant il ne veut que notre bien à tous. Pourquoi donc avoir peur de lui ?

***

C'est la nuit. Quelle heure est-il ? Je ne sais pas trop. Pelotonné au creux de mon lit, je suis encore tout endormi. Mais des voix sourdes m'ont tiré de mon sommeil. Que se passe-t-il au juste ?

En sortant la tête hors de mes couvertures, j'aperçois papa dans son lit – il occupe la même pièce que François et moi – en train de faire l'amour avec Madeleine. Ils ne semblent pas vraiment se soucier de notre présence. Un peu surpris, je me demande ce que Louiselle peut bien penser de ça, elle qui est pourtant la femme officielle de papa et la « reine » de notre petit groupe. Est-elle d'accord ? Sinon, que va-t-elle faire ? Va-t-elle divorcer de papa comme maman l'a fait il y a quelques années ? Avec toutes ces questions en tête, je me rendors, vaguement inquiet.

***

Quelques jours à peine ont passé depuis que je me suis fait réveiller en pleine nuit par les ébats sexuels de papa et de Madeleine, quand je suis de nouveau tiré du sommeil par des voix étouffées. Cette fois-ci, j'entends une femme pleurer dans la cuisine. Je reconnais la voix de Myriam : « Pardon, Moïse, pardon, Moïse, je ne le ferai plus, je te jure... »

Je ne sais pas de quoi il est question, mais je comprends que mon père inflige à Myriam une punition corporelle en guise de réprimande. Après plusieurs minutes, les voix s'éteignent et j'entends tout le monde aller se coucher. Péniblement, je réussis à me rendormir, en dépit d'un vague sentiment d'angoisse qui commence à me nouer les entrailles.

***

Malgré ces réveils nocturnes inquiétants, pendant la journée, la vie suit son cours comme si de rien n'était. Nous continuons à travailler comme des forçats tout en nous exerçant à nous libérer de l'emprise de la faim et de la fatigue.

Papa a toutefois décrété que, peu importe notre éloignement de la société, nous devions, François et moi, poursuivre nos études. Il a donc chargé Angèle de nous faire la classe régulièrement, dans toutes les matières : français, mathématiques, anglais, histoire... Mais pour la religion, c'est papa qui s'en charge !

En plus, l'autre jour, mon père a décidé de voir lui-même à notre éducation sexuelle. Il tenait à ce que mon frère et moi soyons bien informés au sujet de la biologie féminine. Aussi incroyable que cela puisse être, il a demandé aux femmes de se déshabiller et de passer au-dessus de nous, jambes ouvertes, afin de nous dévoiler tous les détails de leur anatomie!

***

Quel bonheur, ce soir! Nous avons droit à un repas spécial: un ragoût de bœuf, avec des pommes de terre, des carottes, des oignons, le tout baignant dans une onctueuse sauce brune. Quand papa décide de nous payer la traite, pour nous changer de l'orge habituel, c'est toujours un véritable festin dont tous les membres du groupe se délectent. Surtout quand, en plus, il sort quelques bouteilles de bière maison.

Excité par ce régal et légèrement grisé par quelques gorgées de bière, je mange avec appétit, et même que j'en redemande. Assis aux côtés de papa, sur la banquette qui longe l'immense table à manger, je savoure chaque bouchée. Ce que je préfère plus que tout, c'est de sucer goulûment les os de bœuf que je trempe dans le chaudron pour reprendre de la sauce et les sucer une seconde fois. Je suis dans un tel état d'extase que, sans vraiment m'en rendre compte, je me lève pour me rapprocher du chaudron et tremper encore une fois mon os dans la sauce. Brusquement, j'entends papa me rappeler à l'ordre:

— Aaron, ça suffit! Combien de fois vous ai-je dit de ne pas faire le péché de gourmandise? Je ne veux plus te voir tremper ton os dans le chaudron! Reviens t'asseoir tout de suite!

Frappé par un tel changement de ton, je reprends ma place auprès de mon père et je termine mon assiette en silence. Du coin de l'œil, j'épie papa qui, visiblement éméché par l'alcool, ne semble pas retrouver sa bonne humeur.

Subitement, il se retourne vers moi et commence à m'asséner de violents coups de coude sur le nez. Stupéfait, je ne sais comment me défendre contre cette soudaine poussée de violence. Rapidement, mon nez se met à saigner, mais papa continue à me frapper avec son coude jusqu'à ce que je m'écroule sur la banquette, complètement sonné.

CHAPITRE 14
Un climat de violence

ROCH-SYLVAIN

J'aime mon père et je l'admire réellement. C'est lui le maître du groupe, car il est le représentant de Dieu sur terre et nous lui devons tous une complète dévotion. Sans lui, je ne suis rien et c'est pourquoi je m'applique à lui obéir sans discuter. Je fais tout pour lui plaire et respecter ses volontés, même s'il est parfois très dur avec moi.

Papa dit toujours que je suis le roi héritier. À sa mort, c'est moi qui le remplacerai comme chef de la troupe. D'ailleurs, en tant que son fils aîné, je suis traité différemment des autres enfants. Je travaille toute la journée à l'extérieur avec les hommes, alors que François et les autres enfants restent à la maison avec les femmes.

Je m'interroge tout de même sur certaines actions de mon père. Je suis notamment étonné par la manière dont il punit les femmes lorsqu'il a quelque chose à leur reprocher. Ce qu'il a fait subir à l'une d'entre elles, l'autre jour, m'a sincèrement bouleversé. Je ne sais pas pourquoi il était en colère contre elle, mais il lui a pris un sein avec une main et il a pressé tellement fort que son lait maternel s'est mis à sortir à gros jets. Pauvre femme! Je me demande bien ce qu'elle a pu faire pour que papa la malmène ainsi...

Régulièrement, quand il a bu un peu trop d'alcool, papa aime exhiber sa force devant tout le monde afin que l'on comprenne bien qu'il est le chef absolu. Il prend alors des clous qu'il s'amuse à plier avec ses mains. Ou bien il s'exerce à son sport préféré: le lancer du couteau. Souvent, il se livre à ce petit jeu le soir, quand nous sommes couchés, et j'entends les couteaux se planter de l'autre côté du mur de notre chambre. Tour à tour, notre père désigne une nouvelle victime pour lui servir de cible. Lorsque ça lui prend, si on a le malheur d'être encore debout, François et moi, il arrive qu'il nous prenne, nous aussi, pour cible. Ça, je déteste ça.

***

FRANÇOIS

Depuis combien de temps sommes-nous ici? Difficile à dire, car nous vivons complètement coupés du monde, «en totale autarcie», comme le répète papa. Pas de radio, pas de télévision, pas de journaux: nous n'avons pratiquement aucun écho de la société.

Plus les semaines passent, plus je perds la notion du temps, surtout que nous utilisons un calendrier tout à fait différent. Ici, pas de lundi, mardi, de novembre ou décembre: tous les noms des jours de la semaine et des mois de l'année ont été remplacés par des noms religieux ou symboliques. Pendant la semaine, les journées portent des noms tels que «Terre et Lumière»,

«Hommes et Animaux» ou «Fruits et Légumes», tandis que les mois de l'année portent des noms comme «Kislev», «Tébeth» ou «Elul». Et puisque les journées se ressemblent passablement les unes les autres, avec les multiples tâches et corvées collectives, je ne sais pas toujours quel jour nous sommes exactement, ni quel mois.

Mon seul repère fiable et sans équivoque, c'est le jour du sabbat. Papa a conservé cette tradition qu'il avait instaurée quand nous vivions en Beauce. Six jours par semaine, nous travaillons tous très fort, mais le septième, c'est l'occasion de se reposer, de prier ou de rédiger notre petit journal.

***

ROCH-SYLVAIN

Malgré les difficultés de la vie quotidienne et les comportements parfois étranges de papa, je sens vraiment que nous faisons tous partie d'une grande famille. Mamy est toujours la figure maternelle, la chef de toutes les femmes de papa. Et elle nous traite affectueusement, François et moi, comme une vraie maman.

Toutes les autres femmes de mon père sont aussi très gentilles avec moi, comme Angèle qui nous fait la classe quotidiennement ou Anne qui est en charge des cuisines. Mais je dois avouer un petit lien privilégié avec Marie, qui a pris l'habitude de m'appeler son «faon», tandis que je l'ai surnommée «ma biche».

Plusieurs fois par jour, nous nous amusons à nous appeler de loin «Mon faon!», «Ma biche!». Cette complicité et cette tendresse me touchent et m'amusent, tout en me faisant oublier la lourdeur du travail quotidien.

Depuis quelque temps, cette complicité a pris une nouvelle tournure. Les jours du sabbat, je vais rejoindre Marie dans son lit où nous échangeons des caresses qui éveillent en moi des sensations jusqu'ici inconnues. En m'invitant à toucher ses seins, ou lorsqu'elle caresse mes parties génitales, Marie m'ouvre la porte d'un tout nouveau monde. Je savoure ces moments de tendresse, tout en priant pour que papa ne nous surprenne pas. Il ne serait certainement pas heureux d'apprendre qu'une de ses femmes prend tant de plaisir avec son fils de 11 ans.

CHAPITRE 15
La terreur

FRANÇOIS

Mon père, c'est un véritable requin. Il a besoin du sang pour se sentir bien. Quand il est en boisson, comme on dit, il ne trouve pas de repos tant que le sang ne coule pas à flots.

Au moins une fois par semaine, au beau milieu de la nuit, il sonne la cloche pour réveiller toute la commune. On se rassemble alors dans la salle à manger et on se place en demi-cercle autour de papa qui nous fait un sermon inspiré de ses lectures bibliques. Chaque fois, un nouveau thème est abordé, ce qui entraîne inévitablement la sévère correction d'un des membres trouvé coupable d'avoir manifesté un comportement déviant. Parfois même, c'est toute la commune qui y passe. Tout dépend de l'humeur de papa ou de son degré d'ivresse. Une chose est sûre : ces réunions se terminent toujours mal et le plus souvent par de terribles excès de violence.

Ce soir, le thème, c'est la purification par l'effusion de sang. De nouveau rassemblés en pleine nuit, nous écoutons papa expliquer que nous devons expier nos péchés en nous purifiant par le sang. Pour parvenir à cette libération, la méthode est on ne peut plus draconienne : nous devons former des petits groupes de deux, puis nous frapper l'un l'autre jusqu'à ce que tout le monde saigne, sans exception. Moi, je suis avec Madeleine et Roch-Sylvain est avec Simone. Pour mon frère, c'est facile parce qu'il saigne du nez à la moindre pichenotte, mais moi, c'est très difficile de me faire saigner. Madeleine essaie de me frapper, mais sans succès. Je ne saigne pas. Elle s'y reprend plusieurs fois avant que papa ne vienne voir ce qui se passe avec nous.

— J'suis pas capable, Moïse, avoue Madeleine.
— Malachie, mets-toi par terre ! m'ordonne mon père. Puis, sans prévenir, il me flanque un brutal coup de pied dans le visage.

C'est avec un immense soulagement que je sens finalement le sang s'écouler de mon nez. Enfin, c'est fini... Tout le monde saigne, le requin est rassasié et la boucherie va s'arrêter... Du moins pour cette fois-ci...

***

ROCH-SYLVAIN

En tant que fils aîné de Moïse, j'ai droit à des traitements privilégiés, mais je ne suis pas dispensé des brutales corrections qu'il nous impose à tous régulièrement.

L'autre jour, la violence de mon père a dépassé mes limites physiques. Je ne me souviens pas de la cause de cette correction, mais j'ai dû me déshabiller et m'agenouiller, devant l'immense feu de l'Éternel qui chauffe notre maison en continu, afin de recevoir mon châtiment. Armé d'un solide bâton, qu'on utilise habituellement pour brasser la nourriture dans la grande marmite, mon père m'assène un premier coup si douloureux que j'ai d'abord le réflexe de me jeter dans le brasier. Aveuglé par un grand éclair blanc, je tente de me ressaisir pour aussitôt recevoir un deuxième coup tout aussi puissant, mais qui cette fois me fait rebondir sur mes pieds. Sans réfléchir, je file vers la porte et me précipite à l'extérieur, complètement nu, dans le froid glacial de l'hiver gaspésien.

Je suis terrorisé. Je cours dans la neige, avec une seule idée en tête : fuir. N'importe où, mais fuir, loin de cette violence et de ces souffrances que je ne peux plus supporter. Au bout de quelques minutes à peine, je m'immobilise, saisi par le froid. Je ne sais plus où aller. Je suis désemparé quand tout à coup, de l'intérieur de la maison, j'entends mon père crier :

— Ah oui, tu veux jouer à la chasse ? Angèle, va chercher la 303 !

***

FRANÇOIS

Réveillé par les cris de douleur de mon frère, j'ai suivi la scène par la fenêtre. Je vois Roch-Sylvain qui court comme un animal piégé, tout nu dans la neige, et je suis désespéré. Est-ce que papa va vraiment le tirer avec sa carabine ? Qu'est-ce que je vais faire tout seul ici, si mon frère meurt ? Je voudrais aider Roch-Sylvain, c'est sûr, mais je reste totalement impuissant devant la brutalité de mon père. J'ai le ventre noué par la peur, car je sais que personne ne peut s'opposer aux crises de violence de mon père.

Quelques minutes plus tard, qui durent une éternité, je vois avec soulagement mon frère rentrer à la maison, tenu en joue par mon père. C'est sûr qu'il va manger une raclée de plus pour cette fugue, mais il n'y avait pas d'autre solution. De toute façon, où aurait-il pu aller tout nu dans la neige, en plein hiver, et à des kilomètres de l'habitation la plus proche ?

Notre vie ressemble de plus en plus à un véritable cauchemar et je n'y vois aucune issue. Nous sommes prisonniers de la folie de mon père et personne au monde n'a la moindre idée des supplices que nous endurons.

CHAPITRE 16
Roch-Sylvain et Ismaël

ROCH-SYLVAIN

Tous les enfants du groupe ne sont pas égaux aux yeux de papa. Nous sommes donc divisés en deux catégories : les enfants issus de sa semence quasi divine et les autres. Ces derniers, ceux qui n'ont pas la chance de faire partie de sa descendance, vivent en marge de notre société et n'ont pas droit aux mêmes traitements que les autres. Ils mangent moins bien et ils sont vêtus différemment. Ils vivent vraiment à part de la communauté.

Trois enfants font partie de ce groupe d'exclus : les deux enfants d'Abraham et Aline – Dorothée et Mathieu, âgés respectivement de huit ans et deux ans – et le fils de Paul et Angèle – Ismaël, deux ans. Ces trois petits cohabitent dans l'atelier, une pièce en retrait de la maison.

Ce soir, au moment de prendre la parole, je sens que papa s'apprête à nous annoncer quelque chose d'important. En s'adressant directement à moi, il commence à m'expliquer qu'en tant que fils aîné et roi-héritier du groupe, j'aurai dorénavant la totale responsabilité d'Ismaël qui, plus tard, sera appelé à devenir mon serviteur. Je me retourne vers Paul et Angèle, les parents d'Ismaël, mais je comprends vite qu'ils n'osent pas s'opposer à l'autorité suprême de mon père. Tout comme eux, je m'abstiens de répliquer et j'acquiesce en silence, pendant que papa explique à Paul et Angèle qu'ils n'ont plus le droit de s'occuper de leur enfant, ni même de le regarder ou de lui accorder la moindre forme d'attention.

Même si je ne saisis pas complètement toutes les implications d'une telle responsabilité, je comprends que je serai désormais en charge de toutes les facettes de l'éducation d'Ismaël. À présent, ce sera à moi de voir à son alimentation, à son habillement, à son sommeil. J'aurai même à m'assurer qu'il fait bien ses besoins dans son petit pot. Ouf, tout un contrat pour un garçon de 11 ans !

Malgré mon étonnement, je prends cette nouvelle responsabilité au sérieux et je commence sans délai à veiller sur mon petit protégé. Aussitôt le repas terminé, je m'applique à nettoyer le visage d'Ismaël et à l'amuser du mieux que je peux. Quelques heures plus tard, je le prépare minutieusement pour la nuit, en le couchant sur sa petite paillasse, dans une boîte de carton. Pour qu'il ne prenne pas froid pendant la nuit, je le borde minutieusement et je vérifie s'il y a suffisamment de bois de chauffage dans le poêle de l'atelier.

***

Les jours et les semaines passent, et je m'habitue peu à peu à mon rôle de tuteur. Ce n'est pas toujours facile, mais je m'efforce d'offrir à Ismaël tout l'amour et les soins nécessaires à son bien-être. Ce qu'il aime plus que tout, c'est d'aller glisser sur une butte avec les autres enfants, de l'autre côté du lac Sec. Patiemment, je l'habille avec ses vêtements d'hiver et je lui enfile ses bottes pour qu'il puisse pleinement profiter de ce petit moment de joie.

Je remarque par contre qu'Angèle ne semble pas s'habituer à cette situation. Parfois, elle me regarde habiller Ismaël, ou le placer sur son petit pot, et elle pleure en silence. Je devine bien les raisons de son chagrin. Mais que puis-je faire? Que pouvons-nous faire? Ainsi en a décidé papa et personne ne peut s'opposer à sa volonté.

***

Je dois reconnaître qu'élever un enfant est loin d'être une tâche facile. Comme beaucoup d'enfants de deux ans, Ismaël pique souvent des crises de colère. Peut-être qu'il a faim ou qu'il s'ennuie de ses parents. C'est difficile à dire, puisqu'il ne parle pas encore. À moins qu'il ait mal au ventre? C'est probable, puisqu'il mange régulièrement des champignons qui poussent sur un tas de fumier. Je lui ai bien dit de ne pas y toucher, mais il ne m'écoute pas.

Un après-midi, Ismaël me fait une autre de ses fameuses crises... Je ne sais plus quoi faire avec lui. J'ai beau essayer de le raisonner, rien à faire. Il crie, il rage, il hurle. J'essaie de le contrôler, mais sans succès. Je me demande ce que ferait papa dans un cas pareil. Machinalement, je prends une planche de bois et je frappe Ismaël. Il finira bien par m'écouter.

***

FRANÇOIS

Je suis profondément bouleversé par la transformation récente de mon frère. On dirait qu'il fait tout pour être comme papa. Depuis qu'il a la responsabilité d'Ismaël, il se prend vraiment très au sérieux et il est parfois très dur avec le petit. Je sais qu'il aime beaucoup Ismaël et qu'il s'en occupe du mieux qu'il peut, mais quand Ismaël ne l'écoute pas, il le bat, comme papa le fait avec nous! Je n'en reviens tout simplement pas: je n'oserais jamais faire subir ça à personne.

Le pire, c'est quand Roch-Sylvain ne réussit pas à contrôler Ismaël tout seul. Dans ces cas-là, il l'emmène auprès de papa pour qu'il le corrige à sa place. Et ça, c'est terrible parce que la réaction de papa est souvent terrifiante: il peut prendre Ismaël et le lancer plusieurs pieds dans les airs ou le projeter violemment contre le mur. Mon père dit alors qu'il veut sortir le diable du corps de cet enfant-là. Avec tous les coups qu'il reçoit, je ne sais pas comment Ismaël fait pour être encore capable de marcher. Il n'a même pas trois ans...

Tout à l'heure, Roch-Sylvain a réellement dépassé les limites: je l'ai surpris alors qu'il frappait Ismaël en pleine poitrine au point où le petit s'est écroulé par terre, complètement sonné. Je n'ai pas pu m'empêcher d'intervenir et j'ai couru vers Roch-Sylvain en criant :

— Eh, qu'est-ce que tu fais là ? Arrête, tu vas le tuer !

— C'est pas de tes affaires. Il est à moi ! Papa me l'a donné !

— Te rends-tu compte de ce que tu fais ? lui dis-je en sanglotant. T'es en train de devenir comme lui... comme papa !

***

ROCH-SYLVAIN

C'est épouvantable ce qui m'arrive : François a raison. Qu'est-ce que je suis en train de devenir avec tout ce que je fais subir à Ismaël ? Il est si petit et si vulnérable, et moi, je suis là à le violenter. Je pensais bien faire, puisque c'est comme ça que papa agit avec nous. Mais là, aujourd'hui, je suis allé trop loin. Ismaël est très mal depuis que je l'ai frappé au plexus solaire. Il ne veut plus manger et il est tout pâle. J'espère que je ne lui ai pas perforé le foie...

Mon Dieu, par pitié, protégez Ismaël. À partir d'aujourd'hui, je vous fais la promesse solennelle de ne plus jamais le maltraiter. À toutes les occasions que j'aurai de le gâter ou de prendre soin de lui, je le ferai, et plus jamais ne le brutaliserai. Je vous en donne ma parole et je vous demande pardon. Pardon, mon Dieu. Pardon, Ismaël...

CHAPITRE 17
Les 100 coups de ceinture

FRANÇOIS

Je suis un élu exclu. Même si je suis le second fils de mon père et membre de la communauté d'élus qui auront droit à une seconde vie le jour du Jugement dernier, je sais très bien que je ne suis pas l'égal de mon frère, Roch-Sylvain, ni même de mon demi-frère Joseph, le premier enfant né dans la secte.

Papa l'aime et il le lui montre bien. En tant que fils aîné, il a droit à un traitement particulier. Papa dit aussi qu'à sa mort, c'est Roch-Sylvain qui prendra sa relève en tant que roi-héritier de notre communauté. Moi, il semble que je ne figure pas du tout dans ses plans. C'est certain que je suis mieux traité que les enfants qui ne sont pas les descendants de papa, mais je sens bien qu'il ne m'accorde pas autant d'importance qu'à Roch-Sylvain.

Tous les jours, Roch-Sylvain part travailler dans les bois avec les hommes, tandis que moi, je dois rester avec les femmes pour m'occuper des autres enfants. Pourtant, je ne suis pas si jeune. J'ai quand même neuf ans, tandis que les autres enfants sont des bambins d'à peine quelques années. Je m'amuse quand même bien avec eux, surtout avec Joseph. Pour le faire rire j'ai fabriqué un petit chariot qu'on appelle la « litière » et je le promène là-dedans aux alentours de la maison. Joseph adore ça: chaque jour, quand on termine le repas, il vient me voir en criant « litière, litière, litière ! » avec sa petite voix de bébé. On rigole vraiment bien tous les deux.

Aujourd'hui, c'est une journée spéciale. Papa se prépare à aller rendre visite à nos grands-parents Thériault à Thetford Mines. Il ne les a pas vus depuis qu'il s'est installé en Gaspésie. Nous non plus, on ne les a pas vus depuis si longtemps...

Ce que je ne comprends pas, c'est pourquoi papa a averti Roch-Sylvain et Joseph qu'ils viendraient avec lui, mais pas moi. C'est sûrement un oubli. Je vais lui en parler et il va certainement décider de m'emmener moi aussi.

— Papa...
— Quoi ? me répond-il brutalement.
— Est-ce que je peux y aller, moi aussi, pour voir grand-maman et grand-papa Thériault ?
— Non ! Toi, tu es un Grenier ! Tu es comme ta mère ! Tu n'es pas un Thériault ! Seulement les Thériault iront voir mes parents. Aaron et Joseph viendront, mais pas toi.

J'encaisse le choc sans broncher. Pourtant, je sens monter en moi une immense tristesse, même si je sais que je ne dois surtout pas argumenter avec papa. Je n'ai pas le temps de digérer ces cruelles paroles que papa m'attrape par le chignon et le fond de culottes en m'approchant du foyer où crépite un feu ardent. Tout en m'invectivant, il me balance près du feu en menaçant de me brûler. Je suis terrifié, car je réalise que mes cheveux ou mes yeux risquent d'être brûlés par les flammes. Finalement, à mon grand soulagement, papa me dépose par terre. Ouf! Je l'ai vraiment échappé belle...

Cependant, à peine ai-je le temps de me remettre de ce coup de frayeur, voilà que mon père m'avertit que je ne suis pas au bout de mes peines. Je n'en crois pas mes oreilles lorsque je l'entends me prévenir de ce qui m'attend: 100 coups de ceinture.

Peu importe ce que je pourrais dire ou faire, je sais très bien que ça ne changerait rien. J'ai si peur que je n'ose même pas le regarder dans les yeux. Je sais par habitude que papa ne passe pas toujours à l'acte immédiatement, mais qu'il met systématiquement ses menaces à exécution. Cette fois-ci, je n'ai pas à me morfondre très longtemps. Quelques heures plus tard, il m'ordonne d'enlever mon chandail et de mettre mes mains sur le poteau à côté du foyer. Et tout ça parce que je voulais simplement aller voir mes grands-parents Thériault. Décidément, je suis vraiment un élu exclu.

Résigné, je place mes mains sur le poteau. Par expérience, je sais que je vais souffrir énormément mais qu'après ce sera fini. L'agonie que représente l'attente de ma correction aura finalement été de courte durée. J'imagine déjà les violents coups de ceinture sur mes fesses et tout mon corps se raidit en appréhendant cette douleur. Du bout des lèvres, je supplie papa de m'épargner et j'implore sa pitié, mais rien à faire. Je sens qu'il prend son élan et avec stupéfaction, je réalise qu'il me frappe non pas sur les fesses, mais en plein dos. Une douleur atroce traverse tout mon corps après que le bout de la ceinture a atteint le bord de mon abdomen. Puis sans relâche, mon bourreau poursuit son châtiment. Cinq, dix, quinze coups... La douleur est si vive que je ne réussis pas à les compter. Peu à peu, toutefois, mes muscles s'engourdissent sous l'effet de l'adrénaline. Après 25 ou 30 coups, je ne sais trop, je ne vois plus clair, mais j'entends quelque part près de moi la voix de mon frère qui interrompt le geste de mon père: « Papa, je vais les prendre à la place de François, les coups de ceinture... »

Je n'en crois tout simplement pas mes oreilles. Mon frère, mon grand frère, qui se sacrifie pour moi et qui s'offre pour prendre mes coups de ceinture. Cette preuve de solidarité me va droit au cœur et me fait momentanément oublier ma douleur.

Loin de calmer la fureur de notre père, l'intervention de Roch-Sylvain paraît au contraire l'exacerber: « Ah oui? T'en veux, toi aussi, des coups de ceinture? » Furieux, il place mon frère à côté de moi et commence à nous frapper à tour de rôle pendant quelques minutes. Soudainement, il semble m'oublier pour diriger toute sa colère sur mon pauvre frère qui se tord de douleur. Les coups de ceinture n'arrêtent pas et se multiplient tandis que Roch-Sylvain hurle à s'en fendre l'âme. Sans doute incapable d'en supporter davantage, Roch-Sylvain se débat et tente d'échapper aux coups, mais il est maintenu en place par d'autres membres du groupe tandis que mon père poursuit l'exécution de son châtiment. Les cris de mon frère sont tellement stridents qu'ils n'ont plus rien d'humain. On dirait plutôt les cris d'un porc qu'on égorge. Cruel jusqu'au bout, mon père continue de le frapper en criant : « Allez, couine, mon petit cochon ! »

« Arrêtez ! Lâchez-le ! » J'ai beau m'époumoner, personne ne paraît m'entendre. Impuissant, je regarde la scène et je sens monter en moi toute une gamme d'émotions : la peur, la terreur, la douleur, la haine, la tristesse et même une soif de vengeance.

CHAPITRE 18
La mort de Mathieu

ROCH-SYLVAIN

Ce matin, comme chaque jour, puisque c'est ma tâche, j'alimente en bois les différents foyers de la commune. Après avoir vérifié si la cheminée principale, où flambe le brasier de l'Éternel qui ne doit jamais s'éteindre, est toujours en activité, je sors comme d'habitude pour apporter du bois dans l'atelier où dorment les « autres enfants » et que papa appelle les animaux. Ils sont sous la supervision de Jean, un schizophrène qui vit avec nous depuis quelque temps. C'est son médecin qui lui aurait recommandé de se joindre à nous, à sa sortie de l'hôpital psychiatrique. Papa a accepté de le garder. En échange, Jean doit surveiller les enfants la nuit.

En entrant dans le petit logis, je suis surpris d'y trouver mon père, en compagnie de Judith, l'infirmière du groupe. Ils sont tous les deux penchés sur le corps de Mathieu qui a le visage et le corps tuméfiés. Le pauvre est si mal en point qu'il respire à peine.

Papa est furieux contre Jean qui vient d'avouer avoir battu Mathieu pendant la nuit, simplement parce que les ronflements du bambin l'empêchaient de dormir. Je n'en crois pas mes oreilles !

Unissant ses talents de guérisseur au savoir-faire de Judith, papa tente de soigner Mathieu du mieux qu'il peut. Mais malgré les heures qui passent, Mathieu ne récupère pas du tout. « Il va très mal, nous annonce papa, et il va falloir se résigner à l'opérer. » Je suis rassuré de voir que papa prend les choses très au sérieux, même s'il n'accorde généralement que très peu d'attention à Mathieu – puisqu'il n'est pas un de ses descendants directs. À plusieurs reprises, j'ai vu mon père brutaliser Mathieu, comme il le fait avec Ismaël, mais je sens que cette fois-ci, il fait tout pour lui porter secours. Prions pour que Mathieu se remette de ses blessures.

***

FRANÇOIS

Quelques jours ont passé depuis l'opération de Mathieu, mais il ne reprend pas du mieux. C'est du moins ce que j'ai compris en écoutant les adultes parler ce matin au déjeuner. Ce que papa nous a expliqué, c'est que Mathieu souffrait d'une infection urinaire et qu'il a dû l'opérer. J'avoue que j'ai été pour le moins assez surpris d'apprendre que papa avait pris l'initiative d'opérer lui-même Mathieu, plutôt que de l'envoyer à l'hôpital. Je pense que cette inquiétude était partagée par les autres membres du groupe, mais nous vivons maintenant dans un tel état de terreur, que personne n'ose contrarier papa. Chacun cherche à sauver sa peau.

Un peu plus tard, je suis dans la forêt, justement avec Abraham, le père de Mathieu, pour aller couper du bois. Je suis son assistant du jour. Depuis que Mathieu a été brutalisé par Jean, Abraham n'est plus le même homme. Nous travaillons en silence, quand tout à coup, la voix de mon père nous interrompt : « Abraham, faut que je te parle ! »

Après nous avoir rejoints, papa annonce froidement à Abraham que Mathieu vient de mourir, car il était possédé du démon. Sans émotion, il explique que nous allons devoir brûler son corps. Abraham est dévasté, mais papa ne paraît pas du tout ébranlé.

Je ne suis pas certain de tout comprendre ce qui se passe depuis quelques jours, mais je sens que la situation est très grave. Mathieu, trois ans, vient de mourir et nous nous apprêtons à brûler son corps sur un bûcher.

CHAPITRE 19
L'émasculation de Jean

ROCH-SYLVAIN

Depuis la mort de Mathieu, je suis réellement inquiet de la tournure que prennent les événements. Je ne comprends pas pourquoi papa n'appelle pas les autorités pour rapporter le décès de Mathieu. Au contraire, il a rédigé un rapport d'événement, à la main, dans lequel il explique que Mathieu s'est fait piétiner par un cheval, puis est mort des suites de ses blessures. Toute cette histoire m'angoisse au plus haut point. Que va-t-il nous arriver si la police apprend ce qui s'est passé ?

Pour comble de malheur, papa est furieux contre Jean, qu'il blâme pour la mort du Mathieu. Il me semble qu'on aurait pourtant pu le sauver si papa n'avait pas insisté pour l'opérer lui-même. Enfin, je n'irai pas discuter de ça avec notre père, c'est certain !

Au début, papa a menacé Jean de le lobotomiser, mais heureusement, il s'est ravisé. Avec ses penchants pour la médecine, il serait bien capable de mettre ses menaces à exécution.

N'empêche que ce soir, papa a un nouveau plan pour le punir. D'un ton solennel, il nous annonce qu'aujourd'hui Jean devra être châtié pour son crime. Je ne suis pas sûr de bien comprendre ce qui se passe, mais il semble que nous devons voter pour décider si Jean est coupable ou non d'avoir violenté Mathieu. Le résultat du vote est en faveur de l'acquittement de Jean en raison des ses problèmes mentaux. Visiblement insatisfait de cette décision, papa poursuit en évoquant cette fois les problèmes de santé physique et mentale pour lesquels Jean devrait, selon lui, subir une opération. Je tressaille en apprenant le type d'opération que suggère papa afin de remédier aux problèmes de Jean : la castration.

De nouveau, nous devons maintenant voter pour ou contre cette opération. Probablement par instinct de survie, tout le monde se range du côté de papa et opte pour la castration. Je fais de même, sachant très bien qu'il vaut mieux ne pas m'exposer aux foudres de notre père.

Le sort en est jeté. Papa prépare l'opération avec Judith, toujours en charge de le seconder dans ses interventions médicales. D'un air solennel, papa vient me voir et m'annonce que, en tant que fils aîné et roi-héritier, j'aurai l'honneur de les assister dans cette opération délicate. Je blêmis, terrifié par cette idée d'amputer Jean de ses testicules. Visiblement sûr de lui, papa m'explique qu'il va utiliser la même technique qu'on emploie pour castrer les porcs, une opération qu'il a déjà réalisée à plusieurs reprises quand il travaillait dans une porcherie.

Je me sens plongé dans un véritable film d'horreur. Incrédule, je regarde papa manier la lame de rasoir et pratiquer une incision sous le scrotum de Jean, étendu sur la table. Soûlé de vin et de bière, Jean n'a plus vraiment les moyens de se défendre. Avec l'assurance d'un professionnel, papa retire les deux testicules avant de les déposer dans un mouchoir, au creux de ma main. Je suis complètement paralysé par l'horreur.

◀ (FRANÇOIS) Notre père n'a pas toujours été le redoutable gourou qu'on connaît aujourd'hui. On le voit ici portant Roch-Sylvain, qui a à peine deux ans, dans ses bras. Notre mère se tient devant lui, vêtue d'un chandail blanc. Difficile de croire que ce jeune papa deviendra plus tard l'un des pires criminels de l'histoire du Québec.

Roch-Sylvain ▶
et François

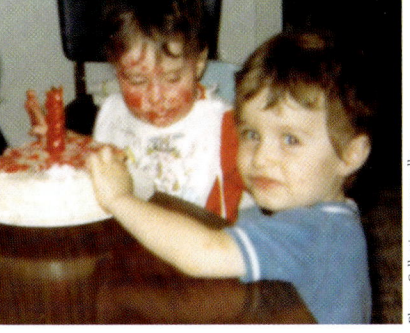

◀ On voit ici notre père tout souriant aux côtés de notre mère, qui tient un gâteau d'anniversaire. À l'extrême gauche, on reconnaît Roch-Sylvain alors qu'il n'est encore qu'un bambin.

Roch-Sylvain et François ▶
avec leur mère, avant l'enfer
qu'ils vivront auprès
de leur père.

Souvenir d'enfance. Un soir de Noël, en pyjama avec notre cousin.

Les deux frères, lors du réveillon de Noël en 1977

Roch-Sylvain et François, alors que ce dernier souffle les chandelles de son 6ᵉ anniversaire.

François, vers l'âge de 4 ans

Gaspésie (1979-1982)

▲
Été 1980. Tous vêtus de l'«uniforme», une simple minijupe de nylon, les membres de la secte sont ici rassemblés devant la serre où nous cultivions quelques légumes. Les deux garçons à la droite du groupe, c'est nous, avec des ventres gonflés par la malnutrition.

▲
Quand on regarde cette spacieuse demeure, il est difficile de croire que nous n'avions rien à notre arrivée dans la forêt gaspésienne. Après deux ans et demi, le modeste campement est devenu une grande maison à deux étages, équipée d'un sauna et d'un puits intérieur.

On voit ici l'intérieur du premier campement en Gaspésie. De taille plus modeste, il était construit avec des murs en billots de bois isolés avec des retailles de tissu et un mélange de terre et de mousse de sphaigne. Les membres de la secte vivaient bien à l'étroit dans ce refuge de fortune.

Moïse et sa secte se préparent à un long hiver "heureux"

par Guy DUBE
(envoyé spécial du Soleil)

LAC-SEC — Après avoir passé l'été à agrandir leur refuge, à acheter des animaux, à cultiver, à travailler et à recevoir des centaines et des centaines de touristes européens, américains et canadiens, Moïse et son groupe s'apprêtent à affronter un hiver qui s'annonce long.

Rien de nouveau pour ces 17 personnes — trois hommes, 10 femmes et quatre enfants — puisqu'il s'agit pour eux du deuxième hiver à passer au lac Sec, à 10 milles de la maison la plus rapprochée, dans les bois de Saint-Jogues, en Gaspésie.

L'été dernier, ils ont bâti une clôture longue de 500 mètres autour de leur "domaine", pour mieux se protéger contre les touristes. Ils ont agrandi leur maison en bois rond, qui est maintenant longue de 20 sur 12 mètres et qui comporte deux paliers à certains endroits. Six poêles et fours chauffent l'air ambiant.

(Suite à la page A2, 1re col.)

Le Soleil, Guy Dubé

Moïse et son groupe posent fièrement autour de leur cheval "Tourbillon". Boaz et Nathan (partis cueillir des patates) et Machla (atteinte de sclérose en plaques) n'apparaissent pas sur cette photo. La femme de Moïse, Esther (à l'extrême gauche) est enceinte. Derrière elle, on reconnaît Chantale "Ruth" Labrie.

Coupure de presse: Le Soleil

▲

À la fin des années 70, notre père et ses fidèles font régulièrement les manchettes de l'actualité. Malgré cet intérêt médiatique, personne ne semble soupçonner le climat de terreur et de violence qui règne à l'intérieur de la secte.

Photo: Collection personnelle

▲
On voit ici notre père devant les importantes réserves de nourriture emmagasinées dans le caveau. Malheureusement, nous y avions rarement accès; notre menu quotidien se composait principalement d'un mélange d'orge et de carottes râpées.

Coupure de presse: Le Soleil

▲
Après avoir annoncé la fin du monde pour le 17 février 1979, notre père est devenu le gourou national. Il fait la une des grands journaux et il accorde même des entrevues à la radio et à la télévision.

Ontario (1984-1989)

▲
Nous avions l'habitude de nous regrouper dans cette petite maison, qui était officiellement celle de notre père et d'une de ses femmes. Certaines des pièces leur étaient réservées, mais le rez-de-chaussée était aussi utilisé comme salle à manger.

▲
En Ontario, les membres de la secte élevaient quelques animaux pour assurer leur subsistance. Le lait de chèvre était notamment utilisé pour fabriquer du fromage et du yogourt.

On voit ici notre père, photographié à l'époque de son arrestation.

▲
Notre père lors de son arrestation à Burnt River, en Ontario

Avec sa longue barbe noire et son regard assassin, le visage de Moïse a marqué l'imaginaire collectif.

▲
François (à gauche) et Roch-Sylvain (à droite), au tournant de la vingtaine, de retour au Québec après un séjour de quelques années en Ontario

▲
Roch-Sylvain et François pendant une escapade estivale au début des années 2000

(FRANÇOIS) Isabelle, enceinte de notre première fille. Mon ange qui m'a sauvé la vie.

(FRANÇOIS) Les parents d'Isabelle ont vraiment démontré une grande ouverture d'esprit en m'acceptant dans leur famille, moi, un fils de Roch «Moïse» Thériault.

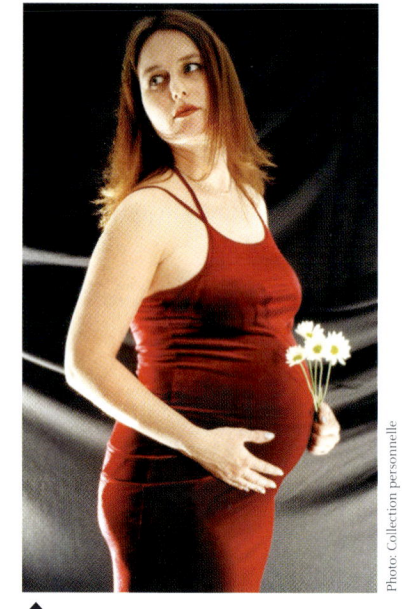

(FRANÇOIS) Isabelle dans toute sa splendeur

Les deux frères sont restés proches de leur mère...

(FRANÇOIS) Souvenir de mon ami Daniel, décédé le jour même de la naissance de ma fille Roxane. Jamais je n'ai connu un homme aussi souriant et enjoué. Un vrai bon gars...

◀ (ROCH-SYLVAIN) Manon, mon amie de coeur décédée d'une grave maladie pulmonaire à l'automne 2008

(FRANÇOIS) Ma petite famille, réunie le jour de Noël (de g. à d.: Mégane, Isabelle, François, Roxane)

◀ Maman Francine avec Roxane

(FRANÇOIS) Mégane et Roxane, les deux perles de ma vie

(FRANÇOIS) Ma fille Roxane a voulu participer elle aussi à la rédaction du livre. En quelques lignes, elle a réussi à me faire pleurer.

> Ma vie avec mon papa merveilleux.
> Mon papa a pas eu une si belle vie que moi.
> Mes je ne connais pas son histoire.
> Mais je sais que son papa c'est Moïse.
> Il a des merveilleux s'yeux de couleur brune et vert.
> Et des beau cheveux noir et brune.
> Et son frère a des beux yeux bleus comme moi et des beaux cheveux comme son beau petit frère.
> Ma vie avec mon papa je l'aimes beaucoup c'est comme une fleure qui souvre avec des merveilleut pertalle.
> Mais la vie de mon père elle a pas été comme moi.

CHAPITRE 20
La visite de Francine

FRANÇOIS

Aujourd'hui, c'est un très grand jour pour Roch-Sylvain et moi, car notre mère est venue nous rendre visite. Je suis si heureux de la revoir! Tout le groupe lui fait une fête pour l'accueillir et la recevoir comme une véritable reine. On prépare pour l'occasion un banquet accompagné de chants et de musique.

C'est rare que nous ayons de la visite, mais chaque fois, tout le monde s'entend sur une règle tacite: pas un mot à propos de la violence qu'exerce papa. Pas question non plus de parler de la mort de Mathieu, ni de la castration de Jean qui, contre toute attente, s'est bien remis de son opération. Toutefois, je sens que maman se doute que quelque chose ne tourne pas rond. D'ailleurs, elle essaie de me tirer les vers du nez.

Seul avec elle, je marche dans la forêt en lui faisant découvrir mes coins préférés. Manifestement préoccupée, maman paraît peu intéressée par le décor. Par contre, elle me pose des questions de plus en plus insistantes:

— Es-tu certain, François, que tout se passe bien pour vous ici ? Est-ce que papa s'occupe bien de vous ?

— Oui, oui, maman, on est bien, on aime ça ici...

Du fond de ma gorge, une voix veut hurler que non, je n'aime pas ça ici, et que papa nous brutalise et nous impose de véritables supplices, qu'il est devenu notre bourreau et notre tortionnaire, et que je ne demande rien d'autre que de retourner avec elle à la maison pour ne plus jamais revenir ici. Toutefois, je sais instinctivement qu'il vaut mieux me taire, car maman ne réussira pas à nous faire sortir d'ici. Qui sait ce que papa pourrait me faire, ou lui faire à elle, s'il apprenait que je lui ai parlé ?

Et par où commencer ? Comment raconter que tous les membres du groupe, hommes, femmes et enfants, nous sommes régulièrement battus ou humiliés ? Comme la fois où il m'a sauvagement projeté contre un meuble, au point de me casser la clavicule, et que j'ai dû passer une nuit dans d'horribles douleurs avant que le lendemain, constatant la fracture, mon père ne décide lui-même de me remettre les os en place... Jamais je n'ai autant souffert de ma vie. Comment lui avouer que j'ai assisté à de si nombreuses scènes d'horreur ? Comme la fois où un homme et une femme ont été forcés de s'accoupler devant tout le monde et qu'ensuite l'homme a dû répandre ses excréments sur le dos de la femme ? Ou encore la fois où un homme a coupé l'orteil d'une femme et le doigt d'une autre avec une grosse pince, sous les ordres de papa, et que ce doigt et cet orteil amputés ont été placés dans un pot de formol ? Et la nuit où

Abraham a failli mourir, alors qu'il venait de se faire « accidentellement » trancher la gorge par papa dans un autre épisode de beuverie ?

Comment pourrais-je raconter tout ça à maman ? Impossible. Convaincu de prendre la bonne décision, je choisis de garder le silence. Et imperturbable, je continue à guider maman pour lui faire découvrir toutes les beautés de notre forêt gaspésienne.

***

La visite de maman s'est très mal terminée. Elle a parlé avec quelques femmes de papa et s'est un peu rebellée contre le traitement qu'il leur impose. Évidemment, ça a provoqué une engueulade digne de l'époque où ils vivaient encore ensemble. Papa a recommencé à traiter maman de « guidoune » et à l'accuser de mener une vie de dépravée, tandis que maman a continué de reprocher à papa d'être un illuminé. Je ne sais pas ce que papa a ensuite fait à maman, mais je suis pas mal sûr qu'il l'a rudoyée, car j'ai entendu des cris et de la bousculade dans une pièce voisine. À son retour dans la salle communautaire, j'ai remarqué que maman avait un regard différent, comme si elle avait peur de papa – ce dont je n'avais jamais été témoin auparavant.

Maman est repartie, visiblement tracassée de nous laisser là. Je devine qu'elle aurait aimé nous ramener avec elle, mais elle a sans doute trop peur de la réaction de papa.

Je la comprends très bien. Elle vient de découvrir le véritable visage de celui qu'elle a marié il y a plus d'une dizaine d'années.

CHAPITRE 21
L'arrestation de Moïse

Décembre 1981

FRANÇOIS

L'hiver est bel et bien installé et notre domaine est déjà pratiquement enfoui dans la neige. C'est pourquoi le pelletage est devenu une activité presque quotidienne si on ne veut pas se retrouver complètement ensevelis. C'est bien ce qui a failli nous arriver l'an dernier, après une tempête mémorable. Il y avait tellement de neige que nous ne pouvions plus sortir. Nous avons dû nous résoudre à creuser un immense passage entre la porte de la maison et la réserve de nourriture. Il était si imposant, avec ses murs de cinq mètres de haut, que même notre cheval Tourbillon pouvait y circuler!

Aujourd'hui, heureusement, c'est le jour du sabbat et nous avons un peu de temps pour nous reposer et nous changer les idées. J'en profite pour m'amuser avec mon petit frère Joseph, quand soudain, un grondement lointain vient troubler la quiétude de la forêt. Je tends l'oreille, intrigué par ce bruit étrange. À ma grande surprise, je vois émerger du bois plusieurs motoneiges qui foncent vers nous à vive allure. C'est une brigade policière! Je n'en crois pas mes yeux. Instinctivement, je me retourne vers mon père.

Visiblement déconcerté, papa s'écrie: «Oh! mon Dieu!», avant de se précipiter vers l'autel où il a l'habitude de se recueillir avec Dieu l'Éternel. Rapidement, les policiers font irruption à l'intérieur et nous annoncent que papa est en état d'arrestation, ainsi que les parents de Mathieu.

J'assiste à la scène, incrédule. J'ai à peine le temps de me remettre de ma surprise, que je suis aussitôt placé, en compagnie des autres enfants, dans une grande motoneige dotée d'une cabine à plusieurs places. Dans un vrombissement de moteurs, nous quittons la commune, sous le regard éberlué des autres membres du groupe demeurés sur place.

Je ne comprends pas trop ce qui se passe, mais je suis vraiment heureux de la tournure des événements. Enfin, nous sommes libérés de cet enfer!

CHAPITRE 22
La vie en famille d'accueil

FRANÇOIS

En quelques jours, notre vie s'est complètement transformée. Depuis que les policiers sont venus chercher papa et d'autres membres de la secte, les événements se bousculent. Nous avons tout d'abord été envoyés à l'hôpital, avec les autres enfants, pour passer une batterie de tests afin d'évaluer notre état de santé. Sans nous révéler les conclusions de leurs évaluations, ils nous ont tous séparés pour nous placer dans différentes familles d'accueil, à l'exception de Roch-Sylvain et de moi qui avons pu rester ensemble. On se retrouve dans une famille dite « de transition », qui héberge déjà des enfants, mais qui est prête à nous accueillir le temps qu'une autre famille soit en mesure de nous prendre à long terme.

Roch-Sylvain paraît assez ébranlé par notre départ de la commune, mais moi, je dois dire que je suis bien content. Soulagé et libéré, je ne veux plus jamais retourner là-bas. Non seulement nous n'aurons plus à subir les terrifiantes violences de notre père, mais en plus, nous pourrons désormais manger à notre faim ! Ce matin, en prenant notre premier déjeuner avec notre nouvelle famille, nous avons, Roch-Sylvain et moi, mangé comme de véritables gloutons. Nous avons avalé un pain chacun, comme si nous sortions d'un camp de réfugiés. Alice, notre mère de transition, nous regardait d'un air incrédule et en hochant la tête : « Mon dieu, on dirait que ça fait longtemps qu'ils n'ont pas mangé, ces enfants-là ! » Disons que, en quelque sorte, oui, c'est vrai : ça fait surtout très longtemps que nous n'avons pas mangé à notre faim...

Quel bonheur d'être ici ! Je ne sais pas trop ce que l'avenir nous réserve, si nous allons rester ici longtemps ou si maman va venir nous chercher pour nous ramener à Thetford Mines, mais je suis confiant : tout va maintenant aller pour le mieux.

***

ROCH-SYLVAIN

Je suis en état de choc. Je ne peux pas croire que mon papa est en prison. Contrairement à François, qui semble surtout rêver de retourner habiter avec maman, moi, je n'ai qu'une idée en tête : retourner avec les autres membres de la commune. Mais pour le moment, ce n'est pas possible.

Nous avons, François et moi, passé quelques semaines dans une famille de transition, puis les autorités nous ont finalement trouvé une véritable famille d'accueil, un couple d'agriculteurs à Saint-Siméon. Ils sont très gentils avec nous et ils nous font participer aux activités de la ferme. Mais malgré toutes leurs attentions et leurs délicatesses, je ne peux m'empêcher de penser à papa... Selon ce que j'ai compris, il va devoir subir un procès, avec trois des membres du groupe, relativement à la mort de Mathieu et à l'opération de Jean. Les policiers qui mènent l'enquête essaient présentement de comprendre ce qui s'est passé, mais les membres du groupe leur donnent du fil à retordre en refusant de raconter quoi que ce soit.

Deux policiers sont même venus me voir, lorsque nous étions dans notre famille de transition. Au courant de ma présence lors de l'opération de Jean, ils voulaient connaître ma version des faits. Inquiets des conséquences que mon témoignage pourrait entraîner, j'ai préféré camoufler une partie de la vérité. Je leur ai notamment dit que j'avais tenu un seul testicule dans ma main et non pas deux. En y repensant bien, je me demande si ça fait vraiment une différence pour eux, un ou deux...

Hier soir, une des femmes de papa m'a téléphoné pour me dire que toute la commune avait entamé une grève de la faim, par solidarité envers papa et les trois autres membres du groupe. Elle m'a offert de me joindre à leur mouvement de contestation. J'ai bien sûr accepté et, depuis hier, je n'ai rien avalé à part quelques verres d'eau.

Je dois toutefois reconnaître que ce n'est pas facile de jeûner. J'ai l'estomac dans les talons et je me sens très faible. Mais je tiens bon, car je veux que tout le monde sache que je me sens solidaire de papa et des autres membres du groupe.

Les jours passent et je ne mange toujours pas. C'est étrange, mais on dirait que c'est maintenant un peu plus facile qu'au début. Cela me rappelle la commune au lac Sec : la faim était très difficile à supporter au début, puis je m'y suis habitué. Cependant, au moins, là-bas, on mangeait quand même un minimum vital. Là, je n'avale plus rien du tout.

Ce qui est encourageant, toutefois, c'est que notre geste commence à avoir des répercussions publiques. En effet, l'arrestation de papa et sa mise en accusation ont été suivies par les médias. Et hier soir, on a même parlé de moi aux nouvelles. Ils ont mentionné qu'un des fils de Moïse Thériault faisait lui aussi la grève de la faim. Ça me motive à poursuivre. Ah, si seulement papa pouvait être libéré...

***

À ma grande déception, j'ai dû mettre un terme à ma grève de la faim. Mes nouveaux « parents » n'ont pas du tout apprécié ce geste de protestation et ils m'ont fait rencontrer des travailleurs sociaux de la DPJ. L'affaire a vite été réglée, car ils ne m'ont pas laissé grand choix : « Tu recommences à manger sinon on t'emmène à l'hôpital où tu seras branché sur une bouteille de sérum. » Très inquiet par l'idée d'aller à l'hôpital, je me suis résigné. J'espère que Dieu l'Éternel comprendra ma situation.

***

FRANÇOIS

Ce matin, c'est un grand jour pour moi. Je suis convoqué par la DPJ. Je dois prendre une grave décision. J'ai le choix de retourner habiter avec maman ou de rester en famille d'accueil jusqu'à ce que papa sorte de prison. C'est une procédure un peu complexe, car papa est encore notre tuteur légal même s'il est en prison. Cependant, le juge donne la possibilité à maman de reprendre ma garde, à condition que je sois d'accord. C'est certain que je veux aller avec elle. Mais ce qui me rend vraiment triste, c'est que Roch-Sylvain, lui, ne veut plus vivre avec maman. Je vais donc devoir me séparer de mon grand frère et ça me brise le cœur.

J'entre dans la salle d'audience. D'un côté, ma mère est là, venue de Thetford Mines pour me ramener avec elle. De l'autre côté, il y a papa, menottes aux poings, les yeux pleins d'eau. Le juge me demande si je préfère partir avec ma mère ou attendre que papa sorte de prison pour retourner habiter avec lui. Dans mon for intérieur, je connais très bien la réponse, mais j'hésite. J'ai peur de la réaction de mon père si je choisis maman. D'ailleurs, cela m'attriste de lui voir un air si piteux. Plus émotif qu'à l'habitude, papa pleure en silence. Timidement, j'explique au juge que ce n'est pas facile pour moi de choisir entre mes deux parents. Comprenant mon trouble, le juge propose de régler la situation en privé avec moi. Je lui annonce alors ma décision de suivre maman.

Ce qui est tout de même étrange dans tout ça, c'est que personne ne semble au courant des supplices que nous avons tous endurés pendant notre séjour dans la commune. Visiblement, les membres du groupe sont restés silencieux à ce sujet. Et ce n'est certainement pas moi qui vais m'ouvrir la trappe.

S'il fallait que papa l'apprenne, quelle opinion aurait-il de moi ? Déjà qu'il ne me tient pas en très haute estime, comparé à Roch-Sylvain, sous prétexte que je ressemble trop aux membres de la famille de ma mère... S'il fallait en plus que je joue le rôle de délateur! Il me renierait, c'est certain. Et je ne pourrais pas vivre avec ça sur la conscience.

CHAPITRE 23
Le retour dans la commune

ROCH-SYLVAIN

Plusieurs mois ont passé depuis le départ de François. Ça m'a fendu le cœur de le voir repartir pour Thetford Mines, mais je n'étais vraiment pas d'accord avec l'idée d'aller vivre avec maman. Moi, ce que je souhaite, c'est retourner auprès de papa le plus tôt possible. C'est lui que j'aime et il me manque terriblement.

Après le départ de mon frère, j'ai dû encore une fois changer de famille d'accueil. J'habite maintenant avec un policier et son épouse. Très autoritaire, ce monsieur semble bien décidé à me remettre dans le droit chemin et à briser tous les liens affectifs qui m'unissent à mon père. Régulièrement, il me tient au courant de l'évolution des procédures d'enquête qui entourent le procès de papa. L'autre jour, il m'a notamment apporté des photos des ossements de Mathieu qu'on a retrouvés sur le site où il a été incinéré.

Si j'ai bien compris, papa est inculpé de différents chefs d'accusation, entre autres pour mauvais traitements conduisant à la mort d'un enfant, voies de fait (relativement à l'opération de Jean) et menaces contre des autorités policières. Tous les soirs, je prie pour que le juge lui accorde sa clémence et qu'il ne passe pas trop de temps en prison. J'attends le verdict avec impatience.

***

1982

Le verdict vient de tomber. Papa est condamné à deux ans moins un jour de prison pour négligence criminelle ayant entraîné la mort d'un enfant. Les parents de Mathieu, ainsi qu'une autre femme de la commune, ont été eux aussi condamnés à passer du temps en prison. Mais leurs peines sont moins sévères.

Il semble donc que je vais demeurer ici jusqu'à la sortie de prison de papa. Je dois cependant reconnaître que je ne suis absolument pas maltraité. Bien au contraire. J'habite en face de la polyvalente et je prends mes études très au sérieux. Premier de classe, je réussis bien dans tous les domaines, autant dans les matières scolaires qu'en éducation physique. Bien apprécié des autres élèves, j'ai même réussi à me faire élire comme président de ma classe. Tout va bien pour moi, si ce n'est que l'absence de mon père me pèse beaucoup.

***

FRANÇOIS

De retour chez maman, j'ai rapidement déchanté. Encore sous le choc de mon séjour dans la commune du lac

Sec, je m'attendais à retrouver une vie confortable ici avec maman. Mais ça ne se passe pas aussi bien que prévu. Maman habite maintenant avec Gérald, son nouveau chum, qui ne semble pas du tout heureux de me voir ici. Il est toujours bête avec moi et il me force à faire plein de tâches ingrates. On dirait qu'il a décidé que je suis l'esclave de la maison. C'est sans compter que je n'ai jamais le droit d'écouter de musique ou de regarder un film à la télévision, alors que ses enfants à lui, quand ils viennent nous rendre visite, ils ont le droit de tout faire !

Si seulement mon frère était là avec moi, au moins on serait deux et on pourrait se rebeller plus facilement. Je m'ennuie tant de lui. Dommage qu'il ait choisi de rester en famille d'accueil... On avait tellement de plaisir ensemble.

Je n'ai pas le temps d'éprouver trop de regrets que des nouveaux changements se préparent pour moi. À peine terminé ma sixième année, voilà que maman et Gérald ont décidé de me placer pensionnaire dans un collège tenu par des religieux. Mais qu'est-ce que je vais aller faire là ?

***

Été 1983

ROCH-SYLVAIN

Enfin ! J'habite de nouveau avec les gens de la commune ! Nous attendons tous le retour de papa. Après m'être baladé d'une famille d'accueil à l'autre (le policier a finalement abandonné la partie avec moi), la

DPJ en est venue à céder aux demandes insistantes de Mamy, qui a ainsi obtenu la responsabilité de ma garde légale. Je suis vraiment heureux d'avoir retrouvé ma véritable famille. Ils habitent à présent dans une grande maison, à la limite des villes de Paspébiac et de New Carlisle, tout près de la prison de papa. Ils ont surnommé leur maison « La Bergerie », en référence à leur attachement à papa qu'ils considèrent comme leur berger.

Avec les autres femmes de papa et les deux hommes qui lui sont restés fidèles, Mamy s'organise du mieux qu'elle peut pour assurer la subsistance de la petite communauté. D'autant plus qu'il faut maintenant prendre soin des jeunes enfants qui, en dépit des difficultés judiciaires de papa, sont de retour après leur passage à la DPJ. Le groupe fume du poisson pour ensuite le vendre et on élève quelques animaux de ferme. Ces activités, combinées aux revenus de l'aide sociale, nous permettent de survivre. Papa vient nous rendre visite lors de ses sorties de prison, mais ça ne se passe pas toujours bien. Malgré ses conditions de libération, il lui arrive régulièrement de prendre un coup, ce qui le rend maussade et agressif. Mais heureusement, on dirait que les épisodes de violence que nous avons connus sont enfin choses, du passé.

La maison est souvent bien active, avec mes petits demi-frères et demi-sœurs. Même si j'ai près de 15 ans, j'aime m'amuser avec eux en les poussant sur leur camion de bois dans le sentier qui mène au boisé voisin. Dans mes moments de solitude, je prends du temps pour jouer avec ma chatte Noirine et lui lancer des bobines de fil qu'elle rapporte comme le ferait un chien. Noirine est pour moi une grande source d'affection et de réconfort.

Je suis en deuxième secondaire et je réussis toujours aussi bien en classe. Tous les jours, je m'entraîne pour un concours de cross-country et je cours des kilomètres dans les sentiers du boisé. Actif et engagé à l'école, je fraternise avec mes nouveaux camarades. Maintenant au tournant de l'adolescence, je sens avec fierté que je suis prêt à déployer mes ailes, à relever toutes sortes de défis, comme jamais je ne l'ai fait dans ma vie.

***

Automne 1983

Mon séjour à New Carlisle aura été de courte durée, car le temps est déjà venu de changer de domicile. À la demande de mon père, les membres de la commune ont choisi de déménager à Charlesbourg, tout près de la prison où papa a été transféré pour y demeurer incarcéré encore quelque temps. Bientôt, il sera libéré et il reviendra habiter avec nous.

Une fois installé à Charlesbourg, je m'inquiète en réalisant que personne ne s'est soucié de m'inscrire dans une nouvelle polyvalente. Encore plus angoissant, j'apprends que papa ne veut pas que je retourne à l'école. Déçu, j'insiste auprès de Mamy, qui fait le relais auprès de papa. Mission accomplie : papa a changé d'idée. Reste à me trouver une école.

Bien décidé à ne pas retarder mon cheminement scolaire, je prends moi-même en main les démarches pour retourner à l'école, ce qui n'est pas si facile en plein milieu d'année. Tout de même, je finis par me faire accepter dans une polyvalente, pas très loin de l'appartement où nous habitons. Très heureux de savoir que je ne perdrai pas mon année, je suis toutefois déçu d'apprendre que, comme l'année scolaire est déjà passablement entamée, je ne pourrai pas m'inscrire au cours de musique.

***

Printemps 1984

Ça y est : papa est de retour parmi nous. Évidemment très heureux de vivre de nouveau à ses côtés, je suis cependant légèrement inquiet à l'idée qu'il risque de nous imposer bien vite un autre déménagement. Connaissant mon père, je serais surpris qu'il se résigne à habiter très longtemps en logement avec toutes ses femmes et ses enfants toujours plus nombreux.

Un soir, une des femmes de papa vient me chercher dans le salon pour me dire que mon père est dans la salle de bain et qu'il souhaite me parler. Je vais aussitôt rejoindre papa, étendu dans le bain, avec sa grande barbe noire qui flotte sur la mousse.

« Aaron, mon garçon, j'ai quelque chose à t'annoncer. » Je devine qu'un déplacement se prépare. Anxieux, j'attends la suite. Avec un air mystérieux, mon père poursuit : « Il y a de l'écorce autour... »

Sans hésitation, je décode sa métaphore et un brin affolé, je pense : « Ah non, pas encore le bois... » Sentant mon inquiétude, mon père tente de me rassurer en me présentant son projet. Il aurait semble-t-il déniché une terre en Ontario, qu'il est allé visiter quelques jours plus tôt. C'est l'endroit idéal pour repartir à neuf, prétend-il, puisque nous pourrons y ouvrir une boulangerie et y planter des arbres fruitiers. Notre vie là-bas sera sans aucun doute plus facile qu'en Gaspésie.

Taisant mon angoisse, je me range aux arguments de papa. Je trouve tout de même la force de lui demander : « Et qu'est-ce qui va se passer avec mes études et ma chatte Noirine ? » Il décrète alors : « Finie l'école ! Mais ta chatte, nous l'amènerons avec nous. En pleine forêt, elle sera certainement très heureuse là-bas. »

Quelques jours plus tard, nous plions bagages et nous mettons le cap vers l'Ontario. Tout comme nous l'avons fait six ans plus tôt, en nous exilant vers la Gaspésie, nous fuyons la société, et ses vices, pour nous réfugier dans un lieu plus en harmonie avec les valeurs divines. Assis avec les autres enfants dans la boîte d'un des camions loués pour l'occasion, je tiens ma chatte collée contre moi, en espérant qu'elle supportera bien ce long voyage. Dans mon for intérieur, je prie pour ne pas retrouver là-bas ce même climat de violence qui régnait dans la forêt gaspésienne.

***

Environ dix heures plus tard, nous arrivons à Burnt River et papa nous montre du doigt au loin, derrière une longue rangée d'arbres, l'emplacement du site qu'il a récemment acheté pour nous y installer. En constatant l'état des lieux, je sens monter en moi un sentiment de découragement, car je comprends aussitôt que nous devrons repartir à zéro, comme nous l'avions fait au pied du mont Éternel.

Mais je ne regrette pas mon choix d'avoir suivi le groupe. Malgré mes 15 ans, le lien affectif qui m'unit à mon père est encore très fort et j'ai terriblement besoin de vivre à ses côtés. C'est donc avec une sereine résignation que j'entreprends, le lendemain, avec le groupe, les premiers travaux d'installation. Tout est à faire, en commençant par le creusage au pic et à la pelle des drains et des puits nécessaires aux installations sanitaires et qui sont préalables au reste de la construction.

Encore une fois, une nouvelle vie débute pour nous.

CHAPITRE 24
François au collège, Roch-Sylvain dans la commune

Automne 1984

FRANÇOIS

C'est fantastique! Je viens de recevoir une lettre de mon frère que je n'ai pas vu depuis plus de deux ans. Comme nos vies sont différentes aujourd'hui. Alors que je suis à présent pensionnaire au collège et soumis à un horaire strict et rigoureux dicté par les religieux, Roch-Sylvain vit de nouveau au sein de la commune de papa. Depuis quelques mois, ils sont installés en pleine forêt, en Ontario. Il semble que leurs travaux d'installation ont été longs et pénibles, mais ils sont maintenant assez bien logés, sur un site qui compte quatre bâtiments distincts.

Pour gagner un peu plus d'argent, car ils vivent surtout d'aide sociale et de maigres revenus tirés de la vente de fruits et de légumes, Roch-Sylvain travaille dans des champs de choux avec quelques-unes des femmes de papa. Mon frère m'a raconté que, cet été, il s'est fait arrêter pour vol à l'étalage, car papa demandait régulièrement aux membres du groupe d'aller dérober de la nourriture dans les commerces. C'est après l'arrestation de Roch-Sylvain et de certains autres membres du groupe que papa s'est résigné à les envoyer travailler à l'extérieur. Décidément, leur vie ne semble vraiment pas facile là-bas.

De mon point de vue, ici au collège, on dirait que je vis sur une autre planète. Dès le réveil au dortoir, nous sommes tenus d'obéir à une discipline stricte. Nous devons, avant le déjeuner, nous brosser les dents sans échanger un seul mot pour ensuite revenir nous brosser les dents une seconde fois et nous préparer pour les cours. Et après les heures de classe, il y a une période d'étude obligatoire sous haute surveillance. À mon grand étonnement, j'ai de bonnes notes dans toutes les matières et je figure régulièrement parmi les premiers de ma classe. De plus, je suis un champion lors des compétitions locales de *Génies en herbe*.

Par contre, ce qui ne me va pas du tout ici, c'est l'obsession pour la religion. Tous les prétextes sont bons pour une prière imposée : avant le repas, avant la classe, à la fin de la journée… Je ne réussis pas à m'habituer à ces contraintes ridicules. Il faut dire que j'ai conservé un souvenir assez traumatisant de la religion depuis mon séjour dans la commune de mon père. En plus, je remets en question certains dogmes de la religion catholique, dont la réputation est d'ailleurs entachée par de nombreux scandales. Bien entendu, les enseignants ont remarqué mes réticences à cet égard et ils me tiennent à l'œil. Mais comme j'ai de bonnes notes, ils ne m'achalent pas trop avec ça.

***

Automne 1984

ROCH-SYLVAIN

Ce qui devait arriver arriva. Papa a recommencé à boire. Depuis que nos revenus sont suffisants, nous fabriquons de la bière maison. Une des femmes de papa est aussi en charge de voler des bouteilles de vin et de spiritueux au magasin. Avec toutes ces réserves, quand papa tombe là-dedans, ça peut durer des jours et des jours.

Avec le retour des beuveries de papa, les violences et les orgies sexuelles ont repris de plus belle. Peu à peu, l'atmosphère qui régnait dans la commune gaspésienne revient nous hanter.

J'ai 16 ans et je suis presque un homme. Quand papa et ses femmes font la fête, j'y participe moi aussi et je prends régulièrement un coup avec tout le monde. D'ailleurs, une fois par deux semaines, je suis autorisé à sortir dans un village voisin, pour m'amuser avec des jeunes de mon âge.

Un soir, après avoir disputé une partie de balle molle et siroté quelques bières avec des connaissances, je rentre à la maison en ayant la prémonition que l'alcool coule à flots. En m'approchant de la maison, je remarque une nouvelle pancarte au-dessus de la porte : « Brasserie, je me défoule ! » En plus, je reconnais un air de musique d'une de mes cassettes de musique rock. Un peu inquiet, je me demande bien quelle ambiance je vais retrouver à l'intérieur.

En entrant, je constate qu'une nouvelle orgie est en cours depuis sans doute un certain temps. En me voyant, mon père m'ordonne de me déshabiller.

Hésitant, je ne sais trop sur quel pied danser, mais mon père insiste et commande à trois de ses femmes de me déshabiller de force. Toujours sous les ordres de mon père, une des femmes se frotte sur mes parties génitales et m'incite à la masturber. Au départ mal à l'aise, j'y prends peu à peu plaisir. Après tout, ne suis-je pas le roi-héritier de cette secte, comme me l'a toujours dit papa ?

***

Janvier 1985

À mon grand bonheur, ma chatte Noirine a donné naissance à cinq magnifiques chatons tigrés gris et noir. Ils sont adorables et affectueux ! Je suis émerveillé devant ce véritable petit miracle de la nature.

Mais un jour, mon père décide de se procurer un beau matou gris bleuté pour en faire cadeau à Joseph, l'aîné de mes demi-frères. Quelque temps plus tard, mon père vient me réveiller en pleine nuit, visiblement en état d'ébriété avancé. Sur un ton sévère, il m'annonce : « Aaron, tu apprendras qu'un seul mâle doit prédominer ! Que ce soit dans un groupe de personnes ou d'animaux. Abraham, ordonne-t-il, tu vas me tuer toute la portée de Noirine. Immédiatement ! » Je suis si catastrophé que je ne peux m'empêcher de hurler : « Non, papa ! Par pitié ! Ne tue pas mes chatons ! » Malgré mes implorations désespérées, papa demeure imperturbable. Sa décision est prise. Sous mes yeux, Abraham prend les chatons et les met un à un dans une poche de jute, puis il sort de la maisonnette pour exécuter l'ordre de mon père. Armé d'un gourdin, Abraham frappe de toutes ses forces sur la poche à plusieurs reprises. Les cris de souffrance de mes chatons me déchirent le cœur.

Je suis mortifié, accablé. C'est le premier deuil de ma vie. Et malgré mon immense tristesse, je n'en veux pas à Abraham. Je sais très bien qu'il n'a pas eu le choix d'obéir. Autrement, il aurait eu droit à toute une raclée. Au fond de moi, je commence véritablement à éprouver du ressentiment à l'égard de mon père.

***

Mai 1985

FRANÇOIS

C'était écrit dans le ciel. Mes bons résultats scolaires n'auront pas pu me protéger plus longtemps. Depuis mon entrée au collège, j'ai toujours fait preuve d'un esprit rebelle et indocile. J'ai la mauvaise habitude de répliquer à mes enseignants et d'argumenter avec eux. En plus, la semaine dernière, ils m'ont surpris avec une fille et j'ai perdu une centaine de points de démérite d'un coup. Ma mère a donc été convoquée au collège pour se faire annoncer que j'étais renvoyé du collège. Elle a tout de même plaidé ma cause et réussi à les convaincre de me laisser terminer mon année scolaire. Mais je ne serais pas le bienvenu l'an prochain.

Il n'en fallait pas plus pour que je coupe les ponts avec la religion catholique et qu'à la place, je commence à flirter du côté du satanisme : je porte des boucles d'oreille avec des croix à l'envers et j'écoute de la musique heavy metal. Je suis en pleine révolte.

***

Été 1985

ROCH-SYLVAIN

Encore une fois, mon père a trop bu. Toujours à la recherche d'une victime à brutaliser, c'est à ma chatte Noirine qu'il décide de s'en prendre, aujourd'hui, en l'empoignant fermement par la peau du cou. Instinctivement, Noirine se défend en lui décochant un bon coup de griffes.

Peu habitué à rencontrer de l'opposition, papa regarde Noirine et lui dit d'un air hautain : « Ah oui ! Tu crois être la maîtresse !... Abraham, pogne-la par la peau du cou. Je vais lui donner un coup de pelle, un seul, et on va régler ça. C'est moi le maître ici ! Elle m'a griffé, elle mérite la mort ! »

Je n'en crois pas mes oreilles. Ma chatte, ma Noirine adorée... Avec l'énergie du désespoir, j'implore mon père de l'épargner. Bien sûr, mon père reste de marbre et met sa menace à exécution. Balançant sa pelle, d'un seul coup il défonce le crâne de Noirine.

Hors de moi, je regarde mon père et je lui crie : « Ça, je ne te le pardonnerai jamais ! » Dévasté, je rentre dans ma chambre et je m'écroule sur mon lit, complètement prostré. Après avoir éliminé mes chatons, voilà qu'il assassine ma chatte. Quel être cruel !

***

François au collège, Roch-Sylvain dans la commune 147

Au fil des mois, les épisodes de violence se multiplient. Intérieurement, je remets de plus en plus en question les agissements de mon père et je commence à m'interroger sur mon avenir dans la commune. Même si je suis toujours très attaché à mon père, je rêve de retourner à l'école et de mener une vie plus normale. Mais en attendant, je dois me soumettre à ses dures volontés.

Un soir où il a encore trop bu (et moi aussi), mon père m'ordonne de châtier une de ses femmes. Sachant très bien que si je n'obéis pas, il va lui-même la rouer de coups, mais encore plus rudement, je commence à la battre, tout en essayant de la ménager. Papa insiste et prend le temps de bien m'indiquer comment m'y prendre pour ne pas la manquer.

Dégoûté, je revois les multiples scènes d'horreur vécues en Gaspésie et, soudainement, je suis frappé par un éclair de lucidité. Impossible de continuer ainsi, sans quoi nous risquons de tous y passer. C'est alors que je pose un geste dont je ne me serais jamais cru capable: je prends mon père par le cou et l'immobilise au sol pendant une quinzaine de secondes. L'audace dont je fais preuve me surprend moi-même. Je suis pétrifié. Hors de lui, mon père, profitant de mon désarroi, parvient rapidement à se libérer de mon emprise et après m'avoir fait culbuter, il me frappe la tête violemment contre le plancher.

Le lendemain, mon père est finalement dégrisé, mais il n'a pas perdu la mémoire. D'un air sombre et terrible, il vient me voir et me déclare sur un ton grave: «Tu fais jamais ça à ton père.» Ravalant ma salive, je réalise avec effroi que j'ai dépassé la limite. L'œil vengeur, mon père me fait bien sentir que je ne perds rien pour attendre.

Quelques jours plus tard, papa m'annonce subitement qu'il va me faire une coupe de cheveux et me raser la tête. À tort ou à raison, je m'imagine qu'il s'agit là du préambule à un terrible châtiment corporel, si ce n'est à mon exécution. Je ne me souviens que trop bien l'avoir vu raser la tête d'une de ses femmes pour ensuite la brutaliser encore plus cruellement que d'habitude.

Je prends alors panique. J'ai si peur de mourir que, sans trop réfléchir, je prends la fuite. Pieds nus dans la forêt, en simples sous-vêtements, je cours sur la croûte de terre gelée. La douleur sous mes pieds est insupportable, mais je ne ralentis pas ma course, terrorisé à l'idée que mon père puisse me rattraper. Rapidement, une autre crainte me traverse l'esprit: être tiré par un chasseur. En plein mois de novembre, je risque d'être confondu avec un chevreuil à détaler comme ça presque nu dans forêt. Pour éviter toute méprise, je chante à tue-tête, espérant que les éventuels chasseurs sauront me distinguer de leurs proies.

Parvenu à l'orée du bois, je saute dans la voiture du groupe. Heureusement, comme je m'y attendais, les clés sont dissimulées dans le pare-soleil. Grelottant de froid, je mets le contact et je démarre en trombe. Dès le premier village, je suis toutefois repéré par deux policiers, intrigués de voir un adolescent en sous-vêtements au volant d'une voiture. Je n'ose pas leur raconter toute mon histoire, alors je leur avoue simplement que je suis en fugue parce que mon père a tenté de me battre. Comme je n'ai pas d'endroit où me réfugier, les policiers me dirigent vers une communauté religieuse de la région. Ce sont des Born again Christian qui acceptent généreusement de m'héberger. Je suis chaleureusement accueilli. On soigne mes pieds blessés, on m'offre un repas et un bon lit. En m'endormant, je pousse un profond soupir de soulagement. Enfin, j'ai réussi à m'extirper de cet enfer. En demeurant ici quelque temps, tout en continuant à travailler dans les champs de choux, je réussirai bien à me ramasser un peu d'argent et à m'organiser pour retourner à l'école.

***

Février 1985 – Thetford Mines

FRANÇOIS

Je suis vraiment intrigué! À quelques semaines de ma fête, maman m'a annoncé que j'aurais bientôt droit à une très belle surprise. Curieux, j'ai bien essayé de la questionner, mais sans succès. Elle garde toujours un petit air mystérieux. On dirait que ça l'amuse de voir que je suis incapable de deviner ce qu'elle est en train de me préparer.

Elle a finalement craqué pour m'apprendre que mon frère Roch-Sylvain s'apprêtait à revenir habiter avec nous. Je suis fou de joie! Mon frère, mon grand frère, qui revient après si longtemps! Quelle merveilleuse nouvelle! Je n'aurais pas pu imaginer plus beau cadeau d'anniversaire!

CHAPITRE 25
Un séjour chez maman

ROCH-SYLVAIN

Quel changement d'être de retour au Québec, avec François et maman! Non seulement je n'ai plus à subir les violences de mon père, mais j'ai finalement pu reprendre l'école. À 17 ans, j'ai déjà accumulé pas mal de retard, car je n'ai même pas terminé ma deuxième secondaire. Depuis notre départ de Charlesbourg, je n'ai pas mis les pieds à l'école une seule journée! J'aurais bien aimé poursuivre mes cours à Burnt River, mais papa n'était pas du tout d'accord.

Même si je n'ai pas encore atteint mes 18 ans, la commission scolaire a accepté de me laisser m'inscrire à l'éducation aux adultes. Je suis des cours tous les soirs, ce qui me permet de rattraper mon retard. Studieux et discipliné, j'ai aussi eu la permission d'aller étudier à la bibliothèque de la polyvalente de François pendant la journée. En étudiant le jour et en assistant aux cours le soir, je sens que je vais progresser très rapidement. Déjà, en quelques semaines, j'ai réussi à obtenir d'excellents résultats.

En ce qui concerne les études, je suis donc redevenu un élève modèle. Mais pour le reste, j'ai rapidement retrouvé mes vieilles habitudes d'enfant terrible, sans doute encouragé par la présence de mon frère, avec qui je multiplie d'ailleurs les frasques et les coups pendables.

***

FRANÇOIS

À 15 ans, je suis en pleine phase de révolte. Le jour, j'assiste à mes cours à la polyvalente, mais le soir, je me défonce et j'accumule les mauvais coups. Quand mon frère n'est pas à ses cours du soir, nous n'avons pas de limites : drogue, alcool, excès de vitesse en voiture, tout pour décourager notre mère qui ne sait plus quoi faire avec nous.

L'autre jour, maman a hurlé contre nous quand un voisin lui a appris que nous avions pris sa voiture, pendant qu'elle était partie, pour faire des « beignes » au bout de la rue alors qu'on était complètement défoncés. Elle menace régulièrement de nous jeter dehors si nous continuons de la sorte, mais ça ne nous arrête pas. Depuis que nous nous sommes retrouvés, les deux frères, nous nous sentons invincibles !

***

Février 1987

Cette fois-ci, maman ne blague plus. Elle a décidé de nous mettre à la porte pour de bon. Ce qui l'a poussée à bout, c'est quand elle a appris que je m'étais fait renvoyer de la polyvalente. En plus, on m'a surpris lors d'une entrée par effraction dans un dépanneur du coin, où je tentais de voler des cigarettes et de la bière avec mon cousin. Ce qui d'ailleurs m'oblige à respecter une entente de probation d'une durée d'un an et demi. De son côté, Roch-Sylvain vient d'abandonner ses études. Il avait pourtant mis les bouchées doubles pour rattraper son retard. Et il accomplissait de réels progrès, sauf qu'il s'est mis en tête de travailler pour gagner de l'argent. Du coup, maman se retrouve avec deux grands adolescents qui ne pensent qu'à triper et à se défoncer. Roch-Sylvain et moi, on s'en est parlé et on a décidé de déménager à Saint-Hyacinthe. Nos boîtes sont déjà prêtes et nous prenons l'autobus ce soir.

CHAPITRE 26
Les retrouvailles avec papa

Mai 1987

FRANÇOIS

Il est presque midi et je viens à peine de me lever. Assis face à mon frère, je déjeune en silence, réfléchissant à l'impasse dans laquelle nous nous trouvons. Notre séjour à Saint-Hyacinthe s'avère plus difficile que prévu. Après avoir travaillé pendant quelques semaines dans une usine de viande à fondue, nous avons tous les deux perdu notre emploi à la suite de mises à pied. Sans revenu, je ne vois vraiment pas comment nous pourrons payer le prochain loyer. Qu'est-ce que nous allons faire ?

Perdu dans mes pensées, soudain me revient à la mémoire un rêve que j'ai fait durant la nuit. J'étais dans un train pour aller rejoindre papa. Et, comme en Gaspésie, il y a sept ans, la fois où nous sommes allés le retrouver, il m'attendait à la gare. Spontanément, je partage ce souvenir avec mon frère. Surpris, Roch-Sylvain écoute attentivement le récit de ce rêve pour ensuite me confier que, lui aussi, il a rêvé de papa il y a quelques jours à peine. Or, dans son rêve, papa lui demandait de plonger dans une piscine vide!

Rêves prémonitoires ou simple coïncidence? Difficile à dire, mais ce qui est certain, c'est que quelques jours plus tard, nous recevons un appel de notre père qui nous invite à venir le rejoindre. Il a un projet à nous proposer et il est prêt à venir nous rencontrer très bientôt, à Saint-Hyacinthe, pour nous convaincre de lui donner une nouvelle chance.

***

ROCH-SYLVAIN

Je suis très inquiet depuis que mon frère m'a raconté la conversation téléphonique qu'il a eue avec papa. Je n'en ai jamais parlé avec maman, ni même avec François, mais je suis encore terrorisé par mon expérience de la commune en Ontario et surtout à cause des rechutes de papa dans l'alcool et la violence. Je suis encore convaincu que j'aurais pu y passer si j'étais resté là-bas. Mon instinct me dit qu'il vaudrait mieux ne pas y retourner.

Le dilemme, c'est que je réalise bien que nous n'avons aucun avenir ici. Dans quelques jours, nous serons à la rue, car nous n'avons plus aucun sou pour payer le loyer. Sur le coup, je me sens vraiment découragé. Heureusement, notre tante et notre oncle ont eu la grande bonté de nous héberger pendant quelques semaines, le temps de remettre un peu d'ordre dans nos affaires. Mais il ne faudrait pas abuser de leur générosité.

***

FRANÇOIS

Ça y est : c'est ce soir que tout va se décider. Nous avons rendez-vous avec papa au restaurant et maman y sera aussi. On va bien voir ce qu'il a de si intéressant à nous proposer.

J'avoue que je me tiens un peu sur mes gardes. D'autant plus que Roch-Sylvain m'a avoué, il y a quelques jours, avoir peur de retourner là-bas. Il m'a appris que papa a connu de grosses rechutes dans la commune de Burnt River. Apparemment, les épisodes de beuveries, avec les violences qui les accompagnent, étaient devenus monnaie courante. Ces révélations m'ont bien sûr un peu inquiété, mais j'ai rassuré Roch-Sylvain en lui disant que maintenant, nous sommes deux pour nous défendre si jamais papa retombe dans ses travers. Nous ne sommes quand même plus des enfants d'école! Et en plus, papa m'a dit au téléphone qu'il a arrêté de boire, ce qui est une très bonne nouvelle.

Au restaurant, papa est déjà là, assis à une table, aussi imposant qu'autrefois avec sa grande barbe noire et son regard pénétrant. En nous voyant arriver, il se lève pour chaleureusement nous serrer dans ses bras. Toujours aussi démonstratif, il nous embrasse sans aucune gêne sur la bouche, comme quand nous étions enfants. Il semble vraiment heureux de nous revoir.

Nous avons à peine le temps de nous asseoir que notre père nous explique déjà en détail les raisons pour lesquelles il veut nous ramener avec lui au campement de Burnt River. Il aurait eu, soutient-il, une idée d'entreprise absolument géniale et il a besoin de bras forts et de main-d'œuvre vaillante pour l'assister dans ses projets. Déjà, la commune vit un peu mieux, grâce à la vente de pain fabriqué dans leur boulangerie artisanale. Mais pour générer plus de revenus, il souhaite commencer à fabriquer des meubles de jardin en bois, comme des chaises, des tables et des balançoires.

Emballé et enthousiaste, papa poursuit son exposé en nous parlant du moulin à scie qu'il a récemment amélioré en y installant un puissant moteur d'automobile, ce qui permet de travailler très efficacement. Si tout va bien, nous pourrions même entamer très prochainement la construction de refuges pour motoneigistes ou de petits chalets pour vacanciers que nous installerions sur un site à proximité du nôtre.

Sur un ton plus officiel, papa nous confie ensuite qu'il souhaite s'associer avec nous, ses deux fils aînés, dans cette nouvelle aventure, car nous avons le talent et l'expérience du travail manuel, nécessaires pour ce genre d'entreprise. Perplexe, je lui demande combien il prévoit nous payer et comment les profits seront répartis. « Ne t'inquiète pas, Malachie, me répond-il rapidement, c'est une entreprise familiale, mais vous ne manquerez de rien. Vous serez nourris et logés, et vous n'aurez rien à payer, et quand vous aurez besoin d'argent supplémentaire, vous n'aurez qu'à le dire et on va s'arranger. »

Toujours aussi habile communicateur, papa met peu de temps pour nous convaincre de nous lancer avec lui dans cette grande aventure. D'un commun accord, nous acceptons, Roch-Sylvain et moi, sa

Les retrouvailles avec papa 159

proposition. Sceptique, notre mère insiste pour savoir si nous sommes bien certains de notre choix. En même temps, elle met en garde notre père en le prévenant que nous ne sommes plus des enfants. Bref, elle ne s'oppose pas à notre décision. Papa lance alors un cri de joie et propose de nous payer, à tous, un verre de martini, précisant du même coup qu'il ne boit plus, mais qu'il fait une exception pour célébrer l'occasion. Du coin de l'œil, je remarque que mon frère se raidit brusquement en voyant mon père appeler la serveuse, mais je choisis de ne pas y prêter attention. Je suis si emballé par ce nouveau projet que je ne veux rien voir qui puisse ternir cette merveilleuse soirée.

***

Quelques heures plus tard, nous sommes en route sur la 401, direction Burnt River, dans le vieil Econoline de la commune. Tout en conduisant, papa poursuit son exposé en nous expliquant les détails de notre future entreprise. Couché à l'arrière de la camionnette, je l'écoute tout en m'imaginant travailler à longueur de journée, en pleine forêt, à bûcher et à scier du bois, moi qui ai toujours été un adepte du travail manuel. Puis, reprenant soudain un ton plus sévère, papa nous demande si nous consommons de la drogue et si nous en avons sur nous. Sachant d'emblée qu'il vaut mieux ne pas mentir à papa, je lui avoue avoir un peu de haschich sur moi et j'acquiesce à sa demande de m'en débarrasser immédiatement. Un peu contrarié, je lance mon petit morceau de hasch par la fenêtre en me disant que c'est bel et bien une nouvelle vie qui commence pour nous.

Gâterie étonnante venant de papa, il nous offre de faire escale dans un bar laitier pour déguster une crème glacée. En discutant près de la voiture, je lui confie ma hâte de revoir mon demi-frère Joseph, que j'ai perdu de vue depuis la fermeture de la commune en Gaspésie. Avec émotion, papa me confie alors que les autorités locales sont récemment venues lui arracher tous ses chers enfants et qu'il en a le cœur brisé. Devant ma déception, il tente de se faire rassurant en nous promettant de retourner les chercher, quand la situation de la commune sera régularisée, pour que toute la famille soit de nouveau réunie. À mon grand étonnement, il ajoute que nous serons alors certainement heureux de retrouver nos demi-sœurs, puisqu'elles deviendront plus tard nos femmes. Perplexe, je souhaite que ce ne soit là qu'une métaphore et non pas ses véritables plans pour notre avenir.

CHAPITRE 27
Burnt River, prise 2

ROCH-SYLVAIN

Il est déjà très tard dans la nuit quand nous arrivons dans la forêt de Burnt River. Le véhicule est à peine immobilisé que je reconnais déjà le chemin de bois qui mène à notre campement, ce sentier cahoteux que j'ai parcouru à la course, il y a plus de deux ans, alors que je fuyais la fureur de mon père. Cette fois pourtant, j'éprouve un apaisant sentiment de familiarité à humer l'odeur de la forêt, à retrouver le calme de la nuit et le doux bruissement du vent dans les feuilles des arbres. Partagé entre le bonheur de revenir dans ma famille et la crainte de retomber dans le même climat de violence, je suis tout de même content d'être arrivé et de pouvoir me délier les jambes après ce long voyage en Econoline.

Le sentier de bois n'étant pas plus carrossable que par le passé, c'est avec une vieille ambulance d'armée, récemment achetée par la commune, que nous parcourons la dernière partie du trajet, environ deux ou trois kilomètres. En arrivant au campement, je remarque avec enthousiasme un nouveau bâtiment de bois : la boulangerie dont papa nous a parlé et qui représente le principal moteur d'activité du groupe.

Malgré l'heure tardive, toute la commune est réunie dans le bâtiment principal pour nous accueillir. Les cuisinières nous ont préparé un véritable banquet avec des craquelins, des amuse-gueules et des plats de poisson. Heureux de revenir au sein de notre grande famille, j'embrasse tour à tour chacun des membres du groupe, tout en remarquant le vide que crée l'absence des enfants. Je ne peux m'empêcher de me questionner sur les raisons qui ont motivé les autorités à les retirer du groupe. Mais je chasse rapidement ces soucis de mon esprit. L'heure est à la fête et je prends ma guitare pour célébrer l'occasion en jouant un air du groupe Triumph. Avec soulagement, je remarque que papa ne boit pas de la soirée et que tout le monde semble filer le parfait bonheur. Qui sait, peut-être que tout ira finalement pour le mieux ?

***

FRANÇOIS

Tel que nous l'avait annoncé papa, il y a effectivement beaucoup de travail à faire ici. Pour mener à bien les nouveaux projets d'entreprise de papa, nous suivons un horaire très strict et nous travaillons comme des forcenés. Le matin, nous coupons du bois puis nous le scions en planches. L'après-midi, nous construisons des meubles avec des planches de bois préalablement séchées. Deux demi-journées par semaine, nous allons plus loin en forêt pour abattre de gros arbres : un vrai travail de bûcheron ! Quand nous entrons tous les trois en forêt, Roch-Sylvain, papa et moi, nous formons une équipe du tonnerre !

Les projets de papa sont multiples : si tout se passe bien, avec la construction des meubles de jardin, nous achèterons un plus gros moulin à scie pour nous lancer dans la construction de petits chalets. Un voisin est déjà prêt à nous donner un premier contrat, en nous échangeant une portion de son terrain contre la construction d'un chalet. Et un autre voisin, un juge fortuné, nous a déjà commandé une belle et majestueuse balançoire en bois.

Il n'y a pas de doute, nous sommes beaucoup mieux ici qu'à Saint-Hyacinthe.

***

Cet après-midi, je suis affecté à la boulangerie, où je donne un coup de main pour la préparation du pain. Prenant une petite pause bien méritée, j'entre dans le bâtiment principal, là où se trouve la cuisine collective et la chambre de papa. Je suis surpris de croiser mon père à l'intérieur de la maison aussi tôt dans la journée. Mais surtout, je reconnais à cette petite lueur qui brille dans son regard que mon père est sous l'influence de l'alcool. Bien qu'il semble calme et même amusé, il ne fait dans mon esprit aucun doute qu'il est en état d'ébriété. Légèrement inquiet, je me rassure en me disant qu'il a l'air plutôt joyeux et qu'il ne semble pas très menaçant. Sans rien raconter à personne, je retourne au travail. Toutefois, je suis troublé de savoir qu'il a recommencé à boire.

***

Bonne nouvelle : notre cousin Simon est arrivé il y a quelques jours pour participer à la construction des meubles de jardin et des balançoires. Son père a accepté de l'envoyer passer quelque temps avec nous pour nous prêter main-forte. Papa avait plaidé qu'il avait besoin de main-d'œuvre et notre cousin semble des plus heureux de venir s'installer ici.

Malgré les beaux projets et l'avancement des travaux, papa ne paraît pas toujours très à l'aise avec nos habitudes d'adolescents. Dans la petite maison que nous partageons avec les deux autres hommes du groupe, nous aimons écouter nos cassettes de musique hard rock et heavy metal. Au début, papa supportait ça tant bien que mal, mais certaines de ses réactions nous ont laissé deviner qu'il ne tolérera pas cette ambiance bien longtemps.

***

Chassez le naturel et il revient au galop : papa est retombé dans ses anciens vices et il consomme de l'alcool de temps en temps. Cet après-midi, tout le monde est rassemblé dans la boulangerie pour boire un petit verre de bière maison et papa est légèrement réchauffé. Cherchant l'affrontement, il invite mon frère à disputer un petit match de boxe. Nerveux, Roch-Sylvain tente de s'esquiver mais en vain, papa commence à le marteler de coups, au thorax, puis sans avertissement il lui administre un violent coup de poing sur le nez. Toujours aussi fragile à cet endroit, mon frère se met immédiatement à saigner. Surpris de voir le sang ainsi gicler, papa se ressaisit et offre à Roch-Sylvain de lui arranger ça. Il se penche alors sur lui et, d'une puissante claque en plein visage, il stoppe net le saignement!

Ahuri et incrédule, je regarde la scène sans bouger. Terriblement énervé, je sens une étrange pulsion monter en moi: un fou rire. Un incontrôlable fou rire qui me secoue le corps entier. Pourtant, il n'y a absolument rien de drôle là-dedans.

Brusquement, mon père se retourne vers moi et m'apostrophe d'un air arrogant: «Tiens, Malachie, t'as toujours voulu apprendre à boxer. C'est le temps maintenant!» Et le voilà qui se met en frais de m'enseigner la boxe, en me montrant comment frapper et en me demandant de le frapper à mon tour. Timidement, je tente quelques coups, mais j'hésite à frapper plus fort de peur d'attiser sa fureur. Alors, sans prévenir, il m'assène trois bons uppercuts et je m'écroule par terre. À demi conscient, je remarque que je saigne du visage. Chose curieuse, je me sens soulagé, exactement comme je l'ai déjà été il y a quelques années, durant nos fameuses séances de purification par le sang, en Gaspésie. Je sais que mon père est un requin et qu'il n'est pas rassasié tant que le sang ne coule pas à flots. Là, il devrait nous laisser tranquilles.

Quelques minutes plus tard, ayant retrouvé mes esprits, je me réfugie dans notre maisonnette où Roch-Sylvain est en train d'examiner l'ampleur des dégâts. Son nez est fracturé, ce qui lui métamorphose le visage. Au désespoir, mon frère me demande de lui remettre le nez en place, mais je refuse. Je n'ai pas du tout les prétentions médicales de mon père. Devant le petit miroir, Roch-Sylvain essaie de se replacer le nez lui-même, du mieux qu'il peut, à l'aide de ses mains. Miracle: il réussit à remettre son os dans la bonne position. Mais la douleur est si intense qu'il s'écroule sur les genoux en geignant. Soulagé pour lui, je pousse un long soupir tout en me demandant si notre père n'est pas en train de retomber dans ses vieilles habitudes. Car cette fois, pas question de demeurer plus longtemps si notre père redevient le bourreau que nous avons connu en Gaspésie.

***

Ce soir encore, c'est la beuverie, et notre père fait étalage de sa force et de ses prouesses. Après avoir exhibé ses étonnants talents d'avaleur de sabres, voilà qu'il veut nous rappeler qu'il est aussi un excellent lanceur de couteaux. Pour les besoins de sa démonstration, il ordonne à Roch-Sylvain d'aller se placer au mur afin de lui servir de cible. Terrifié, mon frère cherche par tous les moyens à se soustraire à ce jeu cruel. Mais notre père insiste: « Allez, Aaron, vas-y. N'oublie pas que tu es ma chair et que je ne te ferai pas de mal. » Résigné, Roch-Sylvain prend place et ferme les yeux tandis que notre père cale quelques onces de cognac avant de prendre son élan et de lancer de toutes ses forces un gros couteau de boucherie dans sa direction. Pendant ce temps, je retiens mon souffle et à mon grand soulagement, je vois le couteau s'enfoncer profondément dans le mur sans l'atteindre. Sous la violence de l'impact, une grande éclisse de bois tombe par terre. Ouf ! Quelle chance qu'il n'ait pas été touché avec un lancer aussi puissant !

Mais notre père n'est pas encore satisfait par son exploit. Son intérêt se porte maintenant sur notre cousin Simon avec qui il s'amuse à jouer du couteau le plus rapidement possible entre les doigts de sa main. Puis il se met à lancer le couteau au plancher tout près de ses pieds. Tout à coup, Simon pousse un hurlement de douleur. Il a reçu la lame en plein dans le pied. En regardant notre père d'un air furieux, il retire le couteau de son pied avant de sortir de la maison. Roch-Sylvain profite de l'occasion pour lui aussi s'esquiver et tous les deux disparaissent dans le bois.

Paralysé par la peur, je n'ose dire un mot et je surveille mon père du coin de l'œil. Bien que passablement ivre, il tient toujours debout et nous annonce qu'il s'apprête à sortir pour aller « à la chasse à l'ours ». Il ordonne alors à Angèle de lui apporter sa carabine. Discrètement, j'attire l'attention d'Angèle et lui suggère de feindre de ne pas trouver les balles. Quelques minutes plus tard, elle revient avec la carabine, mais déclare, toute penaude, qu'elle ne trouve pas les munitions. Furieux, mon père la somme d'aller chercher son arbalète.

Convaincu que notre père s'apprête à tuer mon frère et mon cousin, je cours à l'extérieur et je me mets à parcourir la forêt en implorant Roch-Sylvain et Simon de sortir de leur cachette. Je les trouve, terrés derrière un tas de bûches. De peine et de misère, je réussis à les convaincre de sortir de là. En revenant discrètement vers la maison, nous constatons avec soulagement que la fureur de notre père semble s'être calmée. Sans rien dire, nous rentrons tous les trois pour la nuit dans notre maisonnette, en priant pour que ce genre de crise ne se reproduise pas trop souvent.

***

ROCH-SYLVAIN

Le moins qu'on puisse dire, c'est que notre cousin ne semble pas avoir raffolé de son séjour parmi nous. Après quelques semaines à peine, il est déjà reparti. Il n'a pas du tout apprécié les excès de violence de notre père qui, en plus de lui planter un couteau dans le pied, lui a aussi arraché deux dents – mais il faut dire qu'elles étaient vraiment pourries. Sans compter qu'il a voulu lui administrer un traitement de son cru pour contrôler l'asthme.

Ce qui a mis un terme à l'aventure de Simon parmi nous, c'est l'ultimatum que nous a lancé papa cet après-midi. Il n'en peut plus d'entendre notre musique et il nous a demandé de choisir entre ça ou la vie dans la commune. Simon a saisi l'occasion au vol, ce qui lui a permis de quitter le groupe sans coup d'éclat. Sentant la déception que nous cause ce départ, papa a voulu nous consoler et, fait exceptionnel, il nous a invité à souper dans un restaurant chinois.

Une fois attablés, nouveau dérapage. Papa, encore soûl, tente d'impressionner tout le monde en parlant fort et en brûlant des billets de 100 dollars. Puis, reprenant un air sérieux, il s'intéresse soudainement aux pieds de François, qu'il examine d'un air inquiet avant de lui annoncer d'un ton sans équivoque: « T'as les pieds versés, Malachie. Va falloir que je t'opère ça bientôt. »

J'observe François qui, livide, avale sa salive sans oser dire un seul mot. Quelques minutes plus tard, il se lève discrètement pour se diriger vers la salle de toilettes.

***

FRANÇOIS

Je n'en crois pas mes oreilles. Mon père veut m'opérer les pieds. Il est encore plus fou que je pensais. En entrant dans les toilettes, je me jette sur le plancher pour prier le ciel de m'épargner. Sanglotant de désespoir, je ne me lève même pas pour laisser passer les autres clients. Je me fous complètement de ce qu'ils peuvent penser. Je n'ai qu'une chose en tête: sauver ma peau.

Après quelques minutes, Roch-Sylvain vient me rejoindre et tente de me rassurer. Péniblement, je me relève et nous retournons auprès de notre père qui vient de se faire montrer la porte par le patron du restaurant, exaspéré par les frasques de cet hurluberlu qui brûle des billets de 100 dollars devant ses clients.

CHAPITRE 28
La consécration des rois

FRANÇOIS

Les jours passent et l'humeur violente de notre père semble s'être calmée. Nos journées sont surtout consacrées au travail en forêt et à la construction de meubles de jardin, sans oublier les coups de main qu'on donne régulièrement aux femmes dans la boulangerie.

Toutefois, un nouveau dérapage s'annonce cet après-midi. Papa s'est mis en tête de sévèrement punir Paul pour un péché dont je n'ai pas vraiment bien compris la nature. Quoi qu'il en soit, nous sommes tous réunis dans la maison principale du campement afin de voter pour ou contre le châtiment que papa a prévu : la lapidation !

Je suis stupéfait. Je ne comprends tout simplement pas comment nous avons collectivement pu en arriver à devoir voter pour ou contre l'imposition d'un tel châtiment sur un membre de notre groupe. À main levée, chacun doit se prononcer. Je vote contre. Heureusement pour Paul, car c'est par la différence d'une seule voix qu'il est épargné. Mais je frémis d'horreur en tentant d'imaginer son sort si le verdict avait été différent.

Curieusement, papa semble accepter cette décision démocratique avec sérénité. Cependant, quelques heures plus tard, il nous annonce vouloir organiser une nouvelle cérémonie autrement plus surprenante. Il souhaite maintenant rappeler à tous les membres de la secte le statut particulier de ses deux fils aînés, à titre de prince, dans mon cas, et de roi-héritier pour Roch-Sylvain. Dociles, nous lui obéissons tous deux et nous asseyons à ses côtés. Tour à tour, chaque membre de la secte est contraint de se prosterner devant Roch-Sylvain, en lui confirmant que c'est bien lui le roi-héritier et qu'ils sont prêts à sacrifier leur vie pour lui. Ils doivent ensuite faire de même devant moi, en me confirmant comme leur « prince ».

Un peu mal à l'aise, je regarde les membres du groupe s'incliner devant nous à tour de rôle. C'est alors qu'Angèle, après s'être prosternée devant mon frère et l'avoir reconnu roi-héritier, se retourne vers moi, toujours à genoux et, me regardant droit devant les yeux, elle ajoute : « Mais mon roi, c'est toi, Malachie. »

Je n'en crois tout simplement pas mes oreilles. Comment ose-t-elle s'opposer ainsi à la volonté de notre père ? Et pourquoi m'avoir choisi moi, plutôt que Roch-Sylvain, alors qu'elle ne m'a jamais jusqu'ici manifesté d'affection particulière ?

Craintif, je jette un coup d'œil vers mon père qui, à ma grande stupéfaction, a observé impassiblement la scène.

***

Si mon père ne réagit pas toujours sur-le-champ à l'opposition qu'on lui manifeste, tôt ou tard il finit immanquablement par exercer sa vengeance. Et malheureusement, aujourd'hui ne fait pas exception. En entrant dans la maison principale, je suis aussitôt alerté par des cris et des bruits de bousculade. C'est Angèle qui tente d'éviter que papa ne lui inflige une violente raclée. En m'apercevant, il s'arrête subitement pour me dire d'un air faussement mielleux :

— Tu sais, Malachie, quand une brebis s'égare, il faut la ramener dans le droit chemin. Angèle dit que c'est toi son roi, alors fais-moi plaisir et va me la chercher.

Je reste figé comme une statue. Pas question pour moi de me mettre à la poursuite d'Angèle pour la jeter en pâture à mon père. Je ne devine que trop bien le sort qui l'attend. Me sentant piégé, je cherche à tout prix une porte de sortie, tandis que du coin de l'œil j'observe le regard affolé d'Angèle. Rassemblant tout mon courage, je réponds à mon père :

— Non, papa, c'est ta brebis et c'est ton troupeau, pas le mien. Lorsque j'aurai mon troupeau et mes brebis, je m'en occuperai. Mais là, c'est à toi de voir au tien.

Mon père encaisse ce refus en fulminant. Puis, dans un cri de rage, il s'élance sur Angèle et la projette violemment en bas de l'escalier pour se précipiter à sa suite. En entendant les hurlements d'Angèle, je comprends que mon père lui administre une terrible correction. Mais je réprime mon envie de me porter à sa défense.

Je ne sais vraiment pas comment réagir. À 17 ans, je suis presque un homme et j'aurais certainement pu protéger davantage la pauvre Angèle. Mais je ne suis pas encore prêt à tenir tête à mon père.

Quelques minutes plus tard, en revenant dans la cuisine, Angèle est là qui me regarde droit dans les yeux et me dit : « Je te remercie, Malachie. »

CHAPITRE 29
L'apocalypse

FRANÇOIS

J'aime trop mon frère Roch-Sylvain pour lui en vouloir d'être le préféré de mon père, même si parfois ça me rend triste. Aujourd'hui par contre, je suis particulièrement fier de la responsabilité que papa vient de me confier. Il m'a chargé de me rendre à St. Catharines pour faire l'achat d'un camion de l'armée.

C'est la première fois que mon père me délègue une tâche de cette importance. Et pour m'aider, il a demandé à Abraham de m'accompagner. Le plus surprenant, c'est qu'il nous a donné de l'argent en surplus pour qu'on puisse dormir dans une chambre de motel sur le chemin du retour.

J'avoue que je ne suis pas fâché de prendre ce petit congé de la commune. Et l'idée de coucher au motel dans un bon lit ne me déplaît pas non plus. D'ailleurs, une fois le camion acheté et la chambre de motel louée, je n'ai plus qu'une pensée : me payer du bon temps. J'invite donc Abraham à m'accompagner pour aller aux danseuses.

Sur le coup, Abraham n'est pas d'accord. Il a trop peur des répercussions que cela pourrait entraîner si mon père apprenait la chose. Pour le convaincre, je dois user de tout mon pouvoir de persuasion.

— Abraham, je suis ton prince, n'est-ce pas?
— Bien sûr, Malachie, que tu es mon prince.
— Alors, puisque je suis ton prince, sache que je prends l'entière responsabilité de cette décision. Je porterai le blâme si jamais cela venait aux oreilles de papa. Et puis, quel mal y a-t-il? Ça fait sûrement très longtemps que tu n'as pas profité de ce genre d'escapade.
— Tu as raison, Malachie.

Au fond de moi, je ne suis pas si convaincu d'avoir raison. Cependant, j'essaie de chasser ces doutes de mon esprit et de profiter de l'occasion pour m'amuser du mieux que je peux. D'ailleurs, l'ambiance est bonne dans le bar et les filles ne sont pas mal non plus. Pourtant, au bout de quinze minutes à peine, je constate qu'Abraham affiche un visage soucieux. Il ne regarde même pas les filles qui dansent!

— Mais qu'est-ce qui se passe, Abraham? Tu as l'air angoissé. Je t'ai pourtant dit que tu n'as pas à t'en faire.

Mais Abraham ne s'inquiète pas pour lui. Il me confie plutôt qu'il est habité par une sorte de sinistre pressentiment. Il est convaincu que quelque chose de grave est en train de se produire au campement.

Est-ce une prémonition? Ou en sait-il plus que ce qu'il ne veut bien me dire? D'un seul coup, je n'ai plus du tout envie de fêter.

***

ROCH- SYLVAIN

Mon père a confié une mission d'importance à mon frère. Accompagné d'Abraham, il doit acheter un camion de l'armée à St. Catharines. En raison de la longueur du trajet, ils ne seront de retour au campement que demain dans la journée. Entre-temps, mon père m'annonce que je dois aller chercher avec lui de l'essence qui sert à faire fonctionner notre moulin à scie. Je sais pourtant qu'il n'a pas besoin de moi pour cette tâche; c'est curieux, mais bien sûr, je ne pose pas de question.

Sur le chemin du retour, le temps se fait tout à coup très lourd. Il se met à pleuvoir des cordes tandis que le tonnerre gronde et que les éclairs déchirent le ciel devenu presque noir. Non loin de la route, on remarque un arbre qui vient d'être frappé par la foudre et qui, malgré la pluie, flambe littéralement comme une torche. Mon père me dit alors : « Il faut alerter immédiatement les autorités avant que le feu ne se propage. Tiens, arrêtons-nous ici, au *beer store*, on va les prévenir de là. »

En entendant ces paroles, mon sang ne fait qu'un tour. Je suis immédiatement saisi par un indescriptible sentiment d'angoisse. Je sais trop bien ce qui va se passer. Et comme de fait, après avoir indiqué le lieu du début d'incendie, mon père s'empresse de commander trois caisses de 24.

C'est plus fort que moi : je suis envahi par la peur. Les souvenirs de nombreuses scènes de violence refont surface dans ma tête. D'ailleurs, mon trouble doit être assez visible, car papa tente de me rassurer. « Tu sais, Aaron, tu ne dois pas avoir peur de moi. Si jamais j'en viens à m'oublier et que je fais mine de m'en prendre à toi, tu n'as qu'à me serrer les mains et à me rappeler que tu es ma chair. » Et, comme pour se justifier, il ajoute: « Tu sais, Aaron, parfois mon mal d'estomac est vraiment insupportable et seul l'alcool peut engourdir mes douleurs. »

Ce que je ne sais pas encore, c'est que mon père a une autre idée derrière la tête. Son intention, une fois de retour au campement, est d'opérer le scrotum de Paul. Il faut dire que le pauvre est assez mal en point depuis que notre père lui a administré une très sévère raclée. Il l'a frappé à grands coups de pieds dans les parties génitales, tant et si bien qu'il souffre maintenant d'un début de gangrène du côté droit de son scrotum. C'est pourquoi mon père veut intervenir sans délai, avant qu'il ne soit trop tard.

Après avoir bu une bonne douzaine de bières, mon père m'apprend que, cette fois encore, je vais l'assister durant l'opération. Tout à coup, je revois en détail l'intervention qui, sept ans plus tôt, a conduit à l'émasculation de Jean. Je ne tiens vraiment pas à revivre une telle horreur et je voudrais bien encourager Paul à se faire soigner à l'hôpital, mais j'ai beaucoup trop peur.

Mon père ordonne à Paul de boire une bonne vingtaine d'onces d'alcool à 90 %, pour l'anesthésier, puis de s'étendre sur la grande table de la boulangerie. Pendant ce temps, mon père affûte méticuleusement un petit couteau de boucherie. Une fois satisfait du résultat, voilà que, d'un geste assuré, il commence à inciser la partie la plus endommagée du scrotum de

Paul. Sorti de sa stupeur à cause de la douleur, sans nul doute épouvantable, Paul se remet subitement en position assise. Tout de suite, mon père l'assomme d'un solide coup de poing en disant: « Reste couché. J'ai pas encore terminé. »

Pendant ce temps, le sang, qui coule abondamment de la plaie, a formé sur la table une petite mare déjà en train de se coaguler. Une odeur âcre a envahi la pièce. Paul, à demi conscient, gémit faiblement de douleur. Il a perdu beaucoup de sang et ça continue. Pour stopper l'hémorragie, mon père décide de rougir à la torche une tige à souder dans l'espoir de cautériser les vaisseaux sanguins. Peine perdue, Paul saigne toujours autant.

Mon père conclut alors que pour sauver Paul, il n'a d'autre choix que de procéder à une transfusion. À l'aide d'un petit tuyau en plastique, coupé en biseau, il tente d'abord de percer la carotide d'une de ses femmes, mais n'y parvenant pas, il finit par abandonner son projet.

Je suis catastrophé. Même mon père est désemparé. Impuissant devant les événements, il me demande de faire quelque chose, d'intervenir pour sauver Paul. Instinctivement, à l'aide de ma main gauche, j'applique une forte pression sur la plaie. Le sang gicle entre mes doigts, mais je tiens bon. Au fond de moi, je prie pour que Paul survive à cette affreuse boucherie.

Finalement, ce sont mes nerfs qui lâchent. Convaincu que Paul est en train de vivre ses derniers moments, incapable d'en supporter plus, je prends soudain mes jambes à mon cou. Instinctivement, je cours en direction du grand caveau dans l'idée de m'y réfugier.

Quand soudain, j'aperçois Mamy, elle aussi cherchant à se terrer au même endroit. En quelques mots, je lui relate les derniers événements et je lui fais part de ma peur. Elle me demande alors, avec empressement, de bien vouloir la reconduire jusqu'à la route principale. Sa décision est prise : elle veut quitter la commune.

Pendant que je conduis le vieux camion, on parle surtout des événements qui viennent de se produire, de la frayeur que tout cela nous cause. J'oublie de lui demander si elle veut quitter le groupe pour de bon ou si elle compte revenir un jour. Quant à moi, en dépit de tout, je décide de ne pas partir. Je compte me faire le plus discret possible, en attendant que les choses se tassent. Et surtout, je veux attendre mon frère qui doit rentrer demain, dans le courant de la journée. Je suis tellement impatient de le revoir.

***

FRANÇOIS

Sur l'étroit chemin qui conduit au campement, je tombe sur notre vieux camion qui bloque le passage. Personne à bord. Qui peut bien l'avoir abandonné là ? Un sombre pressentiment m'envahit. Puisque le chemin est bloqué, il faut parcourir à pied le reste de la distance. Près d'un kilomètre et demi pendant lequel Abraham et moi, on se demande ce qui a bien pu se passer.

Au campement, une scène surréaliste nous attend. Il semble que la maisonnette occupée par papa ait été incendiée. Et sur ses décombres, se trouve placée la vieille ambulance de l'armée. Je n'ai pas le temps de m'expliquer ce mystère quand j'aperçois soudain mon frère Roch-Sylvain qui sort du bâtiment principal. Je me précipite vers lui en courant. Là, il me serre dans ses bras en disant : « Moi, je crisse mon camp d'icitte. »

Roch-Sylvain est dans tous ses états. Je ne l'ai jamais vu aussi agité. Il ne tient pas en place. Il sanglote en ne cessant de répéter : « Il faut crisser notre camp d'icitte. » Finalement, à force de paroles rassurantes, je réussis à le calmer un peu et on se dirige vers la grande maison.

Devant les marches du porche d'entrée, mon père, qui se tenait devant la porte, m'aperçoit. D'un air enjoué, il s'écrie : « Eh ! Malachie, tu es de retour ! » Et sans prévenir, il s'élance vers moi en sautant littéralement les six marches du balcon. Malgré la surprise et le choc, je réussis à attraper mon père et, en faisant quelques pas vers l'arrière, je retrouve presque miraculeusement mon équilibre. Mon père est très impressionné par cette prouesse. Il s'exclame : « Tu es bien fort ! Tu m'étonnes. Tu es fort comme un ours ! Allez. Viens avec moi. J'ai quelque chose à te montrer. Vite ! Viens voir. C'est un fœtus. »

Cette fois encore, j'encaisse le choc. Je reste calme, mais mon cerveau, lui, tourne à toute allure. J'essaie de percer le sens de ces paroles. Il a bien dit un fœtus ! Est-ce une autre de ses métaphores ? Ou bien une de ses femmes aurait-elle fait une fausse couche ? Mon père me présente alors un pot dans lequel baignent des chairs informes. Sur le coup, je ne reconnais pas là un fœtus. Mais après un examen attentif, je réalise avec dégoût qu'il s'agit de la moitié du scrotum d'un homme ! Immédiatement, je songe à Paul et je comprends qu'il vient d'être victime d'un autre des horribles actes de boucherie de mon père.

Je suis abasourdi. Tandis que j'examine toujours le contenu du pot, mon père me demande d'aller le porter au caveau pour le placer en compagnie des autres afin d'enrichir sa collection ! Il m'indique l'emplacement dont j'ignorais jusqu'à présent l'existence. Effectivement, tout au fond du caveau, je découvre deux autres pots. Dans l'un se trouve un orteil et dans l'autre, un doigt. Je suis pétrifié. D'abord, je n'arrive pas à comprendre ce que ce doigt et cet orteil peuvent bien faire ici ! Puis, un vague souvenir remonte à la surface. Mon père les avait fait sectionner à l'aide d'une pince d'électricien, à l'époque où nous étions en Gaspésie !

Cette fois, ça me frappe comme une tonne de briques. Après toutes les horreurs que nous avons vécues, c'est seulement maintenant que je le réalise : mon père est complètement cinglé. En sortant du caveau, je me sens calme et étrangement lucide. Ma première préoccupation, c'est de savoir ce qui est advenu de Paul. Contre toute attente, le pauvre homme est toujours vivant. On l'a placé dans une baignoire, qui se trouve à l'extérieur, tout près de la maison des femmes. L'eau est si sale, que je ne peux voir la plaie. Je demande donc à Paul de se redresser, ce qu'il parvient péniblement à faire. Et je constate qu'en effet la moitié de son scrotum a été sectionnée.

***

Plus tard dans la soirée, mon père est soudain pris d'un accès de démence. Un autre. À l'aide d'une torche à souder, il tente de mettre le feu autour du moulin à scie. Avec tout le bran de scie éparpillé partout et les bidons d'essence, c'est vraiment là un petit jeu dangereux. Armé de seaux d'eau, j'éteins les flammes au fur et à mesure. Tout à coup, mon père se retourne et braque sa torche vers moi.

— Avance, m'ordonne-t-il.

Curieusement, je n'ai pas peur. En fait, j'analyse lucidement la situation. Si je fais mine de m'esquiver, j'aggrave les choses. Alors le mieux, c'est de le prendre au mot et d'avancer vers lui. Pris par surprise, mon père s'écrie : « Arrête ! » tandis qu'il éteint précipitamment la torche. Et il ajoute, impressionné : « T'aurais avancé ! »

Mon geste semble l'avoir décontenancé. Il pensait que j'allais me défiler, mais c'est lui qui a dû céder. Alors, sans doute pour ne pas perdre la face, le voilà qui simule un malaise. Il se prend la poitrine, se met à râler puis se laisse choir au sol en m'implorant : « Aide-moi, mon fils. » Or, comme je ne bouge pas, c'est Abraham qui se précipite vers lui pour l'aider à se relever. Et vlan ! mon père lui assène un méchant coup de poing en plein visage tout en grognant : « C'est pas toi que je veux qui m'aide, c'est mon fils. »

***

Mon frère et moi, nous n'avons jamais abordé directement la possibilité de fuir la commune. On n'a d'ailleurs pas besoin de mots pour se comprendre. Un simple regard suffit. Et là, il devient évident que ça ne peut plus durer. Une chose est sûre, quand le moment sera venu, je pars avec mon frère. Pas question de l'abandonner ou de m'en séparer. Après tout, je n'ai que lui au monde.

CHAPITRE 30
La fuite

ROCH-SYLVAIN

Déjà très éméché par l'alcool, papa trépigne d'impatience à l'idée de voir ses deux fils se battre. Assoiffé de sang, il se prépare à un combat sans merci et ordonne à Angèle d'aller chercher la trousse de premiers soins. Je frémis en imaginant la scène : je sais très bien que je ne pourrai jamais me battre jusqu'au bout contre mon frère, mais je suis aussi convaincu que papa va se mêler au combat pour s'assurer que le sang coule à flots.

Docile, j'accepte de me dévêtir, tout en demandant l'autorisation de conserver mes sous-vêtements. Étonnamment, papa accepte. J'entends François lui demander de pouvoir aller uriner à l'extérieur avant le match, mais papa refuse, craignant que François ne profite de l'occasion pour s'éclipser.

Le match commence. Nous échangeons timidement quelques coups, mais papa s'impatiente : « Allez ! Frappez-vous ! Plus fort, plus fort ! » Complètement ivre, il avale une nouvelle rasade d'alcool avant de sauter dans le ring et de foncer sur moi. Fou furieux, il se met à me frapper. Soudain, une vérité s'impose à moi: je dois quitter la commune, maintenant ou jamais. Du plus profond de mon être, un cri de libération s'échappe: « Moi, j'crisse mon camp d'icitte ! » Sans attendre la réaction de notre père, je cours directement vers la porte et je sors de cet endroit maudit. En mettant le pied à l'extérieur, je sais que cette fois-ci, c'est la bonne et que je ne reviendrai plus jamais. Pieds nus sur la terre, je retrouve la même force qui m'avait permis de fuir une première fois, quelques années plus tôt. En me retournant rapidement, je vois que François m'a suivi et je pousse un soupir de soulagement. Comme des bêtes traquées, nous fuyons droit devant, jusqu'à ce que nous trouvions un abri pour nous cacher. Grelottants de froid, silencieux, nous laissons les heures passer, en attendant que la beuverie prenne fin et que notre père s'écroule pour quelques heures, ivre mort.

Au petit matin, les bruits sauvages de la nuit se sont éteints, remplacés par les chants des oiseaux qui, d'abord timides, s'enflent jusqu'à composer une véritable symphonie matinale. Pour nous, c'est le moment d'agir.

CHAPITRE 31
Errance et itinérance en Ontario

FRANÇOIS

Avec une extrême prudence, nous revenons sur nos pas. Sur la pointe des pieds, nous entrons dans notre maisonnette afin de récupérer nos souliers et quelques vêtements. Malgré notre discrétion, Paul et Abraham, nos deux cochambreurs, nous surprennent et nous supplient de rester, invoquant la terrible colère qui risque de s'abattre sur eux après notre départ. Plus décidés que jamais à déserter les lieux, nous leur offrons de s'éclipser avec nous, mais ils sont tous deux incapables de se résigner à abandonner leur gourou.

À pas de loup, nous reprenons le chemin de la forêt et de la liberté pour quitter à jamais cet endroit maudit. Après avoir emprunté le sentier forestier, nous parvenons à la route principale. Nous marchons en silence, presque machinalement, sans trop savoir où nous allons. Dans ma tête, je ressasse les événements des derniers mois et j'essaie de comprendre comment nous avons pu accepter de subir tout cela. Comment la folie de mon père a pu dégénérer de la sorte. Et surtout, pourquoi nous n'avons pas pris la fuite plus tôt. Perdu au beau milieu de ce chaos mental, une vague idée émerge en moi : appeler la police ! Mais je laisse rapidement cette pensée de côté. Probablement en raison d'un vieux réflexe qui me fait toujours craindre les représailles de mon père. Et peut-être aussi parce que nos rapports avec la police n'ont pas toujours été des meilleurs.

Tout à coup, j'entends venir une voiture qui s'arrête à notre hauteur. C'est Abraham et Paul. Visiblement désemparés, ils tentent de nouveau de nous convaincre de rentrer, mais nous restons inflexibles. Pas question de retourner là-bas, ne serait-ce qu'une seule journée. Déçus, les deux hommes repartent bredouilles.

En les regardant s'éloigner, j'éprouve une certaine tristesse à les abandonner de la sorte. D'ailleurs, je ne parviens tout simplement pas à comprendre leur décision. Roch-Sylvain, et moi, on en a bien sûr bavé avec mon père. On en a mangé des volées. Mais jamais autant que ces deux-là. Surtout Paul, qui a toujours été le souffre-douleur de mon père. Après tout, c'est justement parce qu'il avait été battu à grands coups de pieds et de poings dans les parties génitales qu'il a bien failli y passer, surtout après que mon père l'a opéré pour lui retirer son testicule gangrené. Il me semble que le simple fait d'avoir connu un pareil traitement aurait dû être suffisant pour le convaincre de quitter la commune.

En me remémorant les événements, je suis soudain envahi par les remords. À cause de moi, Abraham a reçu lui aussi, il n'y a pas si longtemps, la raclée de sa vie. C'est vraiment bête de ma part, mais je me suis échappé devant mon père. J'ai raconté que, pendant notre petit voyage à St. Catharines pour acheter le camion de l'armée, Abraham et moi, on en avait profité pour s'empiffrer et pour se payer des gâteries. Il n'en fallait pas plus pour déclencher la fureur de mon père. Surtout qu'il a toujours reproché à Abraham de succomber trop facilement au péché de gourmandise. Alors, mon père a décidé de le corriger avec une incroyable brutalité. Je me souviens qu'il le soulevait à bout de bras pour ensuite lui frapper violemment la tête au sol. Puis il l'a ensuite sauvagement piétiné en sautant à pieds joints sur son dos! Pour finir, en l'empoignant par la nuque et le fond de culotte, il l'a balancé tête première, à plusieurs reprises, comme un bélier, pour littéralement défoncer le cabinet sous l'évier de la cuisine. Et tout ça, c'est ma faute. Je sais que jamais je ne pourrai me le pardonner. Pourtant, on dirait qu'Abraham, lui, a déjà tout oublié puisqu'il retourne auprès de son tortionnaire.

***

Lassés de marcher sans destination précise, nous décidons de faire du pouce pour nous rendre au village voisin, mais sans succès. Il faut dire que nous avons probablement l'air de véritables itinérants, traînant comme seuls bagages de vieux sacs plastique remplis de quelques objets et vêtements ramassés à la hâte. Après quelques heures de marche, j'arrête un instant pour regarder mon frère. On ne peut pas dire qu'il ait fière allure. Il est sale, hirsute, vêtu pour ainsi dire de guenilles. Dans la commune, ce genre de considération n'était pas vraiment de mise. On vivait tellement isolés du monde extérieur qu'on ne remarquait même plus notre apparence physique. Mais là, en m'imaginant de quoi on peut avoir l'air, tous les deux, pour des gens normaux, je prends soudainement conscience de l'ampleur des défis qui nous attendent. J'ai bien l'impression que ça va être tout un contrat : reconstruire notre vie après avoir vécu l'enfer.

***

Nous sommes enfin parvenus à la petite ville de Lindsay. En principe, je devrais me rapporter à mon agent de probation. C'est le moment où jamais de lui demander de l'aide. Sur le coup, il accepte de m'aider, moi, mais pas mon frère. Pourtant, à force d'insister, je finis par lui faire comprendre que notre situation est vraiment désespérée. Est-ce mon éloquence ou a-t-il ressenti ma détresse ? L'agent accepte finalement de nous prêter secours. On se présente alors au bureau de probation où l'on nous remet à chacun un billet d'autobus à destination de Brantford, une réservation pour une chambre de motel et trois tickets repas échangeables dans un restaurant désigné. Voilà un répit qui est fort bienvenu.

Même si la distance qui nous sépare de Brantford est d'à peine 250 kilomètres, le voyage est interminable, ponctué de nombreuses escales. Quand nous arrivons enfin à destination, nous sommes épuisés. Sans le sou, nous n'avons pas d'autre choix que d'errer dans la ville comme des itinérants jusqu'à la tombée de la nuit. Fatigués, on trouve un endroit pour dormir près d'une voie ferrée. Mais après quelques heures à grelotter de froid, sans trouver le sommeil, nous sommes obligés de reprendre la route. On finit par dénicher un immeuble dont l'entrée permet de nous abriter du froid. Enfin, on peut dormir un peu.

Après bien des péripéties, de nombreuses fatigues et d'interminables heures de marche, nous sommes enfin arrivés dans la petite ville de Dehli, située en plein cœur de la région du tabac. Notre plan, c'est de se pointer au centre d'emploi. J'ai bon espoir que nous allons trouver quelque chose. La saison du tabac bat son plein et les fermiers de la région sont toujours à la recherche d'une main-d'œuvre motivée et travaillante. Et de fait, en quelques heures, notre cas est réglé: un fermier nous engage pour 85 $ par jour chacun. C'est un excellent salaire pour ce genre de travail!

Nous sommes fous de joie. On commence à travailler dès demain matin et on a vraiment très hâte de s'y mettre pour commencer cette nouvelle vie.

***

En ouvrant les yeux ce matin, je n'arrive toujours pas à y croire. Nous avons quitté la commune! Cela fait à peine quarante-huit heures que nous avons pris le chemin de la liberté, sans même savoir où nous allions et voilà que nous sommes déjà engagés dans une ferme, en plus d'être nourris et logés. C'est fantastique! Jamais je n'ai été si heureux à l'idée de travailler.

Dès les premières heures de travail, le fermier a tôt fait de remarquer notre motivation et notre grande capacité de travail. Dès lors, il décide de nous placer aux deux postes-clés, à l'avant de la machine qui récolte le tabac. Comme Roch-Sylvain est gaucher et que moi je suis droitier, nous formons le duo idéal pour ce genre de manœuvre.

C'est fou comme je me sens léger, soulagé d'un immense fardeau. Roch-Sylvain et moi, juchés sur notre machine, on a l'impression de dévorer les rangs de tabac. On travaille avec enthousiasme, en riant et en blaguant. Indifférent à la fatigue, j'ai la conviction que je pourrais faire ce travail jusqu'à la fin de mes jours. Jamais dans ma vie je n'ai éprouvé une pareille sensation de liberté.

CHAPITRE 32
La deuxième arrestation de Moïse

Automne 1989

ROCH-SYLVAIN

Les mois passent et nous ne manquons pas de travail. L'industrie du tabac est très bien implantée dans la région, alors nous suivons ses cycles saisonniers. À la fin de l'été et à l'automne, nous participons à la récolte dans les champs. Puis nous travaillons quelques mois dans les entrepôts, pour apprêter le tabac qui doit ensuite être vendu. Enfin vient le temps de décharger les ballots de tabac, à l'usine de traitement, et de séparer les feuilles pour les classer selon les différents critères de qualité.

En préparant mon retour à la ferme pour la nouvelle saison de récolte, je songe avec fierté à tout le chemin que mon frère et moi avons parcouru depuis une année. D'ailleurs, je n'en reviens pas de ma chance. J'habite maintenant en appartement avec ma copine, Angie et son fils, Lewis, un gentil petit garçon de trois ans. Je m'occupe de lui avec amour et dévouement, ce qu'il me rend bien; il a même commencé à m'appeler papa! Autrement dit, ça ne pourrait pas aller mieux. Je gagne bien ma vie et je suis fier de mes nouvelles responsabilités familiales. Récemment, nous avons même accueilli la mère d'Angie chez nous et déjà je sens que nous formons une belle et heureuse famille.

François habite lui aussi en appartement avec sa copine, pas très loin de chez moi. Nous travaillons toujours ensemble. Ça fait du bien de le savoir à mes côtés. En plus, comme c'est la période de la récolte qui commence, on va avoir encore plus d'occasions de se voir car, comme nous l'avons fait l'année dernière, nous allons loger à la ferme.

***

Cet après-midi, en rentrant du champ, nous avons la surprise de trouver nos deux copines qui sont venues nous voir à la ferme. Sur le coup, François et moi sommes ravis de cette touchante attention, mais nous remarquons immédiatement qu'elles ont l'air toutes les deux bien énervées. Avec fébrilité, elles nous racontent avoir appris à la télévision que notre père est recherché par la police. Il est accusé de voies de fait graves : selon les enquêteurs, il aurait amputé le bras d'une de ses femmes. Et parce qu'il a disparu sans laisser de traces, avec son petit groupe de fidèles, il est maintenant considéré comme un dangereux criminel, au point où un mandat d'arrestation pancanadien a été émis contre lui.

Nos deux copines sont vraiment hors d'elles. Elles nous inondent de reproches, furieuses d'apprendre ainsi que leurs chums sont en réalité les fils d'un dangereux criminel.

Je reste sans voix. C'est vrai que j'ai toujours tenu à demeurer très discret à propos mes origines familiales… Et me voilà démasqué.

***

De retour à la maison, quelques jours plus tard, je réalise, sans trop de surprise mais avec une grande déception, que ma belle-mère n'a pas du tout digéré la nouvelle. Elle est horrifiée de savoir que son gendre est le fils de ce cruel gourou qui fait les manchettes depuis quelques semaines. Sa réaction est viscérale et elle refuse systématiquement que je prenne soin de Lewis. Elle a même interdit au petit de m'appeler papa!

Les jours passent et cette crise familiale ne cesse de s'aggraver. Convaincue que je ne suis qu'un « *tobacco bum* », un criminel en devenir, la mère d'Angie a carrément décidé de me chasser de la maison. Elle n'y est pas allée de main morte : elle a appelé les policiers pour m'évincer et elle a fait changer toutes les serrures. Je ne peux tout simplement plus entrer chez moi!

Une semaine plus tard, heureusement, je réussis à me réintroduire dans le foyer familial. Il semble que ma belle-mère se soit finalement calmée. Angie a réussi à la convaincre qu'elle m'aime vraiment et qu'elle veut vivre avec moi. Cette marque d'affection me touche profondément. Grâce à Angie, je reprends peu à peu une vie normale. Malgré tout, je commence à réaliser que ça ne va pas être toujours évident de traîner mon lourd passé et le souvenir de mon père.

FRANÇOIS

Un soir, assis dans un petit bar avec mon frère, je sirote tranquillement une bonne bière quand tout à coup, mon attention est attirée par des images diffusées sur un écran géant. Je reconnais immédiatement mon père, les menottes aux poings, escorté par des policiers. Sur le coup, je suis bouleversé. À cause de la musique ambiante, je n'entends pratiquement rien des propos du lecteur de nouvelles, mais je devine aisément l'essentiel de l'histoire. Après six semaines de cavale dans les bois, mon père a été arrêté, à seulement quelques kilomètres du campement de Burnt River. Apparemment, ils ont mis le paquet pour lui mettre le grappin dessus. Et les médias aussi ont, semble-t-il, décidé de prendre l'affaire au sérieux. On a même droit à des images vidéo prises par hélicoptère, qui nous montrent le terrain et les habitations où vivait le groupe.

Dans ma tête, les souvenirs se bousculent à une vitesse folle : la mort de Mathieu, les cérémonies de purification par le sang, les multiples violences contre les femmes, la castration de Jean, les cent coups de ceinture, les orgies sexuelles, le couteau planté dans le pied de mon cousin, l'opération de Paul, les pots de formol dans le caveau... Pendant quelques instants, j'éprouve comme une sorte de vertige. Mais rapidement, je retrouve mes esprits.

Tout cela, c'est du passé maintenant. Il fallait bien que cette sordide aventure se termine un jour.

Hiver 1989

L'hiver est arrivé et nous venons de commencer une nouvelle saison de travail à l'usine de traitement du tabac. Malgré les quelques remous que l'arrestation de notre père a suscités dans notre entourage, nous avons, Roch-Sylvain et moi, repris le cours normal de nos vies.

Après une journée de travail comme les autres, à la sortie de l'usine, nous remarquons la présence d'une voiture de la police fédérale. Deux policiers, de taille assez imposante, viennent directement à nous :

— *Roch-Sylvain and François Thériault ? We need to talk to you* (nous avons besoin de vous parler).

Sans autre formalité, ils nous emmènent avec eux jusqu'au poste de police provincial le plus près. En entrant, l'un d'eux demande au sergent de service la permission d'utiliser deux bureaux. Poliment, le sergent lui répond que c'est impossible, mais il change rapidement d'attitude lorsque l'officier fédéral lui présente sa plaque. Je ne suis pas sûr de bien comprendre ce qui est en train de nous arriver, mais je devine que nous avons affaire à deux policiers assez haut placés.

Quelques minutes plus tard, je me retrouve seul dans un bureau en face d'un des officiers. Pas la peine d'être grand devin pour savoir que Roch-Sylvain est dans l'autre bureau avec le second officier. La situation commence à m'inquiéter, car je ne sais toujours pas ce qu'ils nous veulent. Je ne tarde pas à obtenir la réponse : le policier m'apprend qu'ils enquêtent sur le cas de notre père et qu'ils cherchent à savoir si, grâce à nous, ils ne pourraient pas recueillir de nouvelles informations.

Préférant jouer de prudence, je lui explique que nous avons quitté la secte depuis plus d'un an, et que nous n'avons eu aucun contact avec mon père depuis ce temps. Mais le policier ne se laisse pas démonter et poursuit son interrogatoire. Il insiste.

— Tu n'aurais pas déjà fait un rêve au sujet d'Angèle Pouliot ?

Là, je reste bouche bée. Je ne m'attendais vraiment pas à cette question. D'un seul coup, je revois en rafales les images d'un rêve que j'ai fait lors de notre séjour en Gaspésie, un rêve dans lequel j'assistais à un inquiétant mariage entre mon père et Angèle. Et alors qu'elle marchait sur le tapis rouge en direction de l'autel, Angèle se retournait subitement vers moi, mais avec un visage diabolique. Je me souviens fort bien d'avoir raconté ce rêve à mon père le lendemain, mais depuis je n'y avais plus jamais repensé.

J'ai comme l'intuition que le policier fait justement référence à ce rêve vieux de dix ans. Ce que je n'arrive pas du tout à comprendre, c'est qu'il puisse être au courant d'un souvenir aussi personnel. Vraiment, ça me dépasse.

Sur la défensive, je réplique abruptement :

— Pourquoi me posez-vous cette question-là ?

Je reçois la réponse comme un véritable coup de poing. Après des mois d'enquête, les policiers ont fait des découvertes accablantes. Désormais, mon père est aussi accusé du meurtre au premier degré d'Angèle Pouliot.

ROCH-SYLVAIN

Encore une fois, on dirait que le passé cherche à me rattraper. À cause de mon père, voilà que je dois subir un interrogatoire en règle. Le policier m'a bien fait comprendre que je n'ai rien à craindre, que je ne suis accusé de rien. Il veut seulement connaître ma version des événements à l'époque où je vivais dans ce qu'il appelle « la secte ». On dirait même qu'il cherche à m'amadouer en me demandant si mon père ne m'a pas fait subir de mauvais traitements.

Je lui réponds avec aplomb que ça n'a jamais été le cas. Ce n'est pas pour protéger mon père, mais simplement parce que je ne veux surtout pas revivre ces émotions-là. Je préfère tenir ça mort. Je ne sais pas ce que François va bien vouloir déballer, mais moi, je préfère garder le silence.

N'empêche que ça m'intrigue un peu, cet interrogatoire. Pour m'aider à y voir plus clair, l'enquêteur, d'un geste de la main, fait tourner son index à la hauteur de sa tempe. Il veut me faire comprendre que mon père a complètement perdu la raison. Puis, comme pour prouver ce qu'il avance, il m'apprend le meurtre d'Angèle.

FRANÇOIS

Le temps vient de s'arrêter. J'encaisse difficilement le choc. Quoi ? Angèle ! Morte ? Mais pourquoi ? Comment papa a-t-il pu en venir là ? Angèle était sa femme préférée !

Bien sûr, comme nous tous, Angèle n'a pas été dispensée des nombreuses corrections que nous recevions, mais au fil des années, elle était devenue la favorite de mon père. Sans même le vouloir, elle avait fini par détrôner Mamy qui, de bonne grâce, lui avait cédé sa place.

Alors que j'essaie de mettre de l'ordre dans mes idées, un souvenir me revient subitement à la mémoire : l'affront qu'Angèle a fait à notre père le jour de notre « consécration ». Plutôt que de reconnaître Roch-Sylvain comme son roi, elle a osé affirmer que c'était moi son roi... Je frémis d'horreur en pensant que c'est peut-être la raison pour laquelle papa aurait décidé de la tuer. Mais je me ressaisis immédiatement et je chasse cette idée de ma tête.

Le policier, voulant sans doute profiter de ce trouble passager, insiste de nouveau pour en savoir plus sur le fameux rêve. Or, j'éprouve un tel sentiment de panique à l'idée que mon père ait voulu me mêler à cette histoire en racontant mon rêve aux policiers, que je prends le parti de tout nier. Même lorsque l'enquêteur me demande si j'ai subi de mauvais traitements, je lui réponds par la négative. Même chose quand il cherche à savoir si j'étais présent au moment où mon père a planté un couteau dans le pied de mon cousin. Encore une fois, je nie tout.

Heureusement pour moi, le policier n'a pas l'idée de jeter un coup d'œil à mes bottes. Il aurait remarqué que l'une d'entre elles est justement percée au-dessus du pied. Ce sont les bottes de mon cousin Simon, que j'ai récupérées en quittant la secte et que je porte toujours pour le travail...

CHAPITRE 33
Le retour au Québec

1990

ROCH-SYLVAIN

Après deux ans et demi passés en Ontario, nous sommes maintenant de retour au Québec. L'existence commençait à être assez difficile pour nous là-bas. Dépendants du rythme de l'industrie du tabac, on ne travaillait vraiment bien que quelques mois par année. De sorte que nous avons pris de mauvaises habitudes pendant le reste du temps. Et comme l'assurance-chômage ne suffisait pas à combler tous nos besoins, on vivait aussi d'activités illicites, comme le trafic de stupéfiants. D'ailleurs, nous avons eu quelques problèmes avec les policiers et même des démêlés avec certains membres de groupes organisés. Mieux valait partir rapidement avant que la situation ne se détériore davantage.

Malgré notre départ de la secte, je traîne encore de cruelles blessures. Je me sens encore très attaché à mon père et c'est donc pour moi très difficile de me reconstruire une nouvelle vie. Je tente d'étouffer cette douleur grâce aux effets de l'alcool et de la drogue, mais en vain, elle finit toujours par refaire surface.

En revenant au Québec, je croyais pouvoir tourner le dos à cette période de ma vie, mais c'est le contraire qui se produit. Je ne fais que m'enfoncer encore plus dans l'univers de la drogue. Pour payer ma consommation personnelle, je vends de la cocaïne et je transforme mes surplus en *free-base*.

Et quand les revenus de la vente de cocaïne ne me suffisent pas, je n'hésite pas à faire des vols par effraction, dans des commerces ou des résidences cossues. La drogue est véritablement devenue le centre de ma vie.

FRANÇOIS

Malgré le profond attachement que j'ai toujours éprouvé pour mon grand frère, il faut maintenant me rendre à l'évidence: je ne suis tout simplement plus capable de l'endurer et, surtout, de le voir dans cet état.

Roch-Sylvain et moi, nous sommes toujours demeurés très proches l'un de l'autre depuis notre départ de la secte, mais je n'en peux plus d'assister à son interminable déchéance. Nous partageons le même appartement, dans une petite ville de la Montérégie, et l'ambiance y est devenue carrément insupportable. Pour ma part, j'essaie de gagner ma vie du mieux que je peux, même si mes petites jobines ne me rapportent pas beaucoup d'argent. Mais lui, tout ce qu'il a en tête, c'est de se geler la fraise. Depuis qu'il a commencé à faire chauffer sa cocaïne pour en faire

Le retour au Québec

de la *free-base*, il descend de plus en plus bas et de plus en plus vite. J'ai parfois l'impression qu'en réalité, ce qu'il cherche à faire, c'est de se suicider.

L'autre jour, quand je suis entré dans l'appartement, il y avait de la nourriture répandue partout, sur les planchers, les murs et même les plafonds ! Une vraie soue à cochons ! Exaspéré, j'ai demandé à Roch-Sylvain ce qui s'était passé, mais il était tellement confus qu'il n'a pas pu m'expliquer.

Ce qui m'irrite encore plus, c'est quand il veut m'impliquer dans toutes les magouilles que lui et ses amis sont prêts à faire pour obtenir leur drogue. Comme j'ai une voiture, ils aimeraient bien que je me joigne à eux pour commettre des vols par effraction. Il n'en est pas question. Je ne suis pas un enfant de chœur, mais je ne veux pas entrer là-dedans. Tout ce que je veux, c'est mener une vie normale.

C'est décidé. Je fais mes boîtes, je déménage et je le laisse s'arranger tout seul. Tant pis pour lui.

CHAPITRE 34
Les premières thérapies

Mars 1994

ROCH-SYLVAIN

Ça ne peut plus continuer ainsi. Quatre années se sont écoulées depuis notre retour au Québec, et il est grand temps pour moi de passer à une nouvelle étape. Je dois absolument mettre un terme à cette déchéance, à ma dépendance à la drogue et à mes liens avec le monde de la criminalité. J'ai presque perdu mon frère au cours de cette descente aux enfers !

À maintes reprises, j'ai été condamné pour mes petits délits et j'ai fait plusieurs séjours en prison, de quelques journées à quelques mois. Avec une telle feuille de route, je suis souvent en probation et je dois rendre des comptes aux autorités policières qui me surveillent de près.

Pour mettre fin à tout ça, j'ai cette fois-ci décidé de suivre une thérapie de désintoxication. Il paraît que ça devrait alléger ma sentence. Je vais tenter ma chance, on ne sait jamais...

***

1994-1995

FRANÇOIS

En dépit de tous mes efforts pour me reconstruire une nouvelle vie, on dirait que le mauvais sort s'acharne sur moi. Après avoir à mon tour frayé dans le monde de la drogue, je me suis retrouvé un beau matin avec plus rien du tout. Blonde, job, voiture, appartement : j'ai tout perdu, absolument tout.

Comble de malheur, je n'ai pas droit à l'assurance-chômage, ni même à l'aide sociale. J'aimerais bien comprendre pourquoi, mais je n'ai pas d'argent pour me rendre au centre d'emploi à Longueuil, situé à des dizaines de kilomètres d'ici. Je n'ai carrément plus un sou. Heureusement, une dame charitable a accepté de me louer une chambre et de patienter en attendant que je trouve une façon de la payer. Et pour manger, je vais au sous-sol d'une église, où je peux avoir un petit repas gratuit et quelques provisions. Jamais je n'aurais pensé descendre aussi bas dans ma vie.

Malgré les ténèbres qui m'environnent, une douce lumière vient parfois éclairer mon chemin. Et cette lumière s'appelle Isabelle. Une fille magnifique, gentille et souriante comme un ange. Je ne sais pas ce qu'elle me trouve – elle qui fréquentait pourtant un beau gars avec plein d'argent –, mais elle semble s'intéresser à moi. Je n'arrive tout simplement pas à y croire.

***

Janvier 1997

ROCH-SYLVAIN

C'est aujourd'hui une très grande journée pour moi. Je viens de terminer ma seconde thérapie de désintoxication et j'ai bon espoir d'être réellement sur la bonne voie.

Ma première tentative n'a pas été très fructueuse. Je pense que le cœur n'y était pas vraiment. En fait, je faisais surtout ça pour alléger mon fardeau judiciaire. Mais cette fois-ci, je suis sérieusement décidé à mettre un terme à ma consommation de drogues dures.

Pendant les sept mois où j'ai vécu ici, à la maison de thérapie, j'ai traversé de nombreuses étapes et toute une gamme d'émotions. J'ai appris à porter un regard différent sur mes sentiments et mon passé familial.

Au cours de cette démarche, j'ai eu à creuser dans mes souvenirs les plus sombres et à faire face à mon passé comme jamais je ne l'avais fait jusqu'ici. J'ai exploré les diverses facettes du ressentiment que j'éprouve à l'égard de mon père, et j'ai aussi travaillé sur la culpabilité que je ressens à la suite de certains événements. Je me souviens en particulier d'une rencontre de groupe qui a été très pénible. Ce jour-là, j'ai partagé avec les autres ces lourds remords qui m'habitent en raison de tout le mal que j'ai fait subir à Ismaël lors de notre séjour en Gaspésie. Cet aveu a été pour moi extrêmement difficile. L'évocation de ces souvenirs a suscité en moi de telles émotions que j'ai dû quitter le local en larmes, incapable de poursuivre mon témoignage. Je ne sais pas si je réussirai un jour à me libérer du sentiment de culpabilité que j'éprouve à l'égard de ce pauvre enfant.

Tout à l'heure, ce sera la cérémonie de clôture et je recevrai une plaque commémorative pour souligner le fait que j'ai traversé toutes les étapes de ce programme. Maman sera là pour l'occasion, ainsi que mon frère et sa copine, Isabelle. Cette thérapie a aussi été pour moi une belle occasion de me rapprocher d'eux et j'en suis très heureux.

Pour une rare fois dans ma vie, je suis très fier de moi.

***

De retour sur le marché du travail, j'occupe maintenant un emploi dans un centre d'appels de télémarketing et je prends mes responsabilités très au sérieux. Je sens que je suis bien apprécié de mes collègues. De plus, j'ai quelques amis et j'ai une nouvelle copine, Annie, avec qui je viens d'emménager.

Tout en essayant de reconstruire ma vie, je réalise parfois que je dois aussi vivre avec un autre boulet : mon nom. Roch-Sylvain Thériault. C'est pratiquement le nom de mon père. Régulièrement, je me fais demander si je suis apparenté à la famille de ce fou qui a vécu en Gaspésie. Je nie tout, systématiquement, incapable d'avouer que je suis bel et bien son fils aîné. J'ai terriblement peur du jugement de mes collègues ou de mes nouveaux amis, surtout depuis qu'une fille m'a dit, au sujet de mon père, qu'il paraîtrait que tous ses enfants portent en eux ses gènes de meurtrier. Avec de telles légendes urbaines, pas question d'en rajouter et de dévoiler ma véritable identité.

***

1997-1998

Complètement bouleversé, je referme le livre dont je viens de terminer la lecture. Le titre est éloquent: *Savage Messiah*. C'est une biographie de mon père, écrite par des journalistes ontariens, qui raconte avec un souci du détail étonnant son évolution psychologique ainsi que celle de son groupe de fidèles.

J'ai appris beaucoup de choses en lisant ce livre. Comme je n'ai pas toujours vécu dans la secte, il y a de nombreux événements dont je n'ai pas été témoin. Après l'arrestation de mon père, j'avais bien compris qu'il avait franchi un point de non-retour dans les mois qui ont suivi notre départ. Mais le récit des atrocités que je viens de lire dépasse tout simplement l'imagination. Jamais je n'aurais pu penser que mon père soit descendu aussi bas dans les abîmes de la démence et de la folie.

J'ai été particulièrement secoué par le récit des supplices que mon père a imposés à Angèle avant sa mort. Toujours aussi convaincu de ses talents de guérisseur, il aurait décidé d'opérer la pauvre femme parce qu'elle s'était plainte de douleurs au ventre. La description détaillée de l'opération glace le sang et j'ai peine à l'imaginer, moi qui ai pourtant déjà assisté à d'autres scènes assez semblables.

Il semble qu'Angèle serait morte après deux jours d'une interminable agonie. Dieu qu'elle a dû souffrir!

Et comme si ce n'était pas assez, mon père a complètement disjoncté après la mort d'Angèle. C'est à croire que la mort de sa femme préférée, son amour suprême, l'a complètement démoli. D'ailleurs, sans doute à la suite d'une série d'accès de démence, il a fait déterrer son corps à trois reprises par des membres de la secte, afin d'en récupérer certaines des parties qui lui étaient plus précieuses. Il a notamment confectionné des colliers avec ses côtes, pour ensuite forcer ses disciples à porter ces sinistres bijoux en hommage au souvenir d'Angèle. Et ultime profanation, il a fait perforer un trou dans son crâne afin de s'y masturber et ainsi, grâce à sa semence, donner à Angèle la vie éternelle.

Cela me laisse sans voix. Envahi par une profonde tristesse, je ne peux m'empêcher de retenir mes larmes en imaginant les supplices et les souffrances qu'Angèle a vécus. Et je plains aussi les autres membres de la secte qui sont demeurés à ses côtés.

CHAPITRE 35
Une visite en prison

Été 1999

ROCH-SYLVAIN

Le paysage de la Côte-Nord défile sous mes yeux depuis plus de 10 heures. Pourtant, je demeure assez insensible aux beautés de la nature. D'ailleurs, très bientôt, nous arriverons à destination. Je sens l'angoisse monter en moi et ma gorge se nouer. On approche de la prison de Port-Cartier où mon père est incarcéré.

Plus de 10 ans après notre fuite dans la forêt de Burnt River, j'ai finalement senti que le moment était venu de reprendre contact avec lui. Après des années d'errance et de déchéance, j'ai décidé d'affronter mes vieux fantômes et de faire la paix avec le passé. J'ai partagé mon projet avec François, mais comme il ne pouvait pas venir avec moi, c'est mon ami Michel Chabot qui m'accompagne pour ce long voyage.

De plusieurs années mon aîné, Michel est un homme d'une immense générosité. C'est une chance pour moi que la vie l'ait mis sur mon chemin. Michel m'aide présentement à sortir de cette déchéance dans laquelle je me suis trop longtemps enlisé. La dernière rechute de consommation de cocaïne, dont je me relève à peine, ne représente qu'un épisode parmi une série de débordements qui ont ponctué les 10 dernières années de ma vie.

Pendant que Michel est plongé dans la lecture d'une imposante biographie de plusieurs centaines de pages, je passe en revue les raisons qui me ramènent aujourd'hui auprès de mon père. Serai-je capable de lui faire comprendre tout le mal qu'il a pu me faire, et surtout, objectif ultime de ces retrouvailles, vais-je trouver la force de lui accorder mon pardon?

L'autobus s'immobilise. Ça y est! Nous sommes arrivés au terminus de Port-Cartier, petite municipalité de la Côte-Nord qui héberge le pénitencier fédéral à sécurité maximale où mon père est détenu depuis 10 ans. Les dés sont jetés. Je ne peux plus reculer.

En sortant du véhicule, nous sommes chaleureusement accueillis par les trois femmes de mon père, qui lui sont restées fidèles en dépit de toutes ces années d'emprisonnement. Je suis un peu surpris de constater que deux d'entre elles tiennent de jeunes enfants dans leurs bras: Tadeus, quatre ans, et Emmanuelle, trois ans. Ils se sont récemment ajoutés à la longue liste de mes très nombreux demi-frères et demi-sœurs. Eh oui, mon père ne prend pas de repos de ce côté-là: même en prison, il continue de procréer grâce aux « visites conjugales » autorisées. Je dois maintenant avoir près d'une trentaine de demi-frères et demi-sœurs!

Les trois femmes nous conduisent vers un modeste logement, voisin d'une maison qu'elles occupent toutes les trois, avec les rejetons de mon père, et qui bien sûr se trouve à proximité du pénitencier. Elles ont tout préparé afin de nous accueillir comme des princes : hors-d'œuvre, pain de viande, pâté aux pois chiches, petites gâteries... Sincèrement, je suis très heureux de les revoir, elles qui ont fait partie de ma famille de fortune durant tant d'années. Pendant ces quelques heures de réjouissance, je sens mon anxiété se dissiper alors que je me surprends à savourer un étrange sentiment de familiarité, un peu comme si je revenais à la maison.

Dès le lendemain matin, je me retrouve devant les portes du pénitencier. Après avoir traversé une série de postes de garde et subi les obligatoires fouilles de corps, je suis enfin autorisé à me rendre au parloir où j'aurai un entretien avec mon père. Cependant, nous serons séparés par une vitre blindée, car dans ce pénitencier à sécurité maximale, je n'ai pas pu obtenir, puisque j'étais encore en probation, l'autorisation d'une « visite contact ».

Dès que j'aperçois mon père, je suis frappé de constater à quel point il semble avoir vieilli. Je le trouve frêle et affaibli. Malgré tout, il affiche un air serein qui m'étonne. Je suis bouleversé et les larmes me montent aux yeux. Il s'approche, s'assoit face à moi en me regardant droit dans les yeux. Alors, des mots qui me brûlent les lèvres jaillissent spontanément : « Pourquoi, papa, tu m'as fait si mal ? » Mon père paraît tout d'abord surpris par ma question. Pendant un long moment, il demeure silencieux. Le temps semble être suspendu entre nous deux. Mon père est comme figé derrière cette vitre qui nous sépare. Je scrute son visage, maintenant dépouillé de la longue barbe qu'il arborait à l'époque, et je reconnais celui que j'ai tant aimé, que j'ai aimé si longtemps malgré toutes les souffrances qu'il m'a fait subir.

Après un interminable moment d'attente, c'est lui qui brise le silence. D'abord, il tient à m'assurer n'avoir jamais souhaité me faire autant de mal et qu'au contraire, il m'a toujours tendrement aimé. Afin de me consoler, ou peut-être pour se racheter, je ne sais trop, il me confie que de tous ses enfants, je suis son préféré, avec mon demi-frère Joseph, mais qu'il aimait moins mon frère François. Puis, un peu à brûle-pourpoint, il m'explique que son père, mon grand-père, n'est pas son vrai père et qu'il renie désormais tout lien biologique avec lui. Je ne saisis pas le rapport. Pourquoi détourne-t-il ainsi la conversation ? Soudain, je suis sur mes gardes. Je le soupçonne d'inventer cette histoire dans le seul but de me manipuler, comme il a si bien su le faire des années durant.

Tandis qu'il poursuit son plaidoyer, je repense à la mort d'Angèle. Je ne peux m'empêcher de lui demander si au moins il regrette les actes qu'il a commis. Il prétend que oui, qu'il est sincèrement repentant. Il m'apprend avoir même écrit à la famille d'Angèle pour leur offrir ses excuses, mais que sa lettre est demeurée sans réponse. Encore là, je ne sais pas si je dois le croire.

Le temps file et notre rencontre d'une demi-heure tire déjà à sa fin. Je le salue en lui annonçant que je serai de retour le lendemain, mais qu'entre-temps, il va recevoir la visite de mon ami Michel, cet après-midi. Alors que je sors du parloir, en me retournant une dernière fois, je remarque que mon père est en train de parler à un autre prisonnier et qu'il me montre du doigt. Je dénote un certain orgueil dans son regard, un peu comme s'il était fier de lui présenter son fils aîné.

Je suis ému par ce geste. Malgré tout le mal qu'il m'a fait, je constate être encore fortement attaché à lui.

Le soir venu, je raconte tous les détails de cette visite à mon ami Michel, en vidant avec lui une bouteille de vodka. Je lui confie l'ambivalence de mes sentiments à la suite de cette rencontre, car tant de questions demeurent toujours sans réponse pour moi. Michel me fait part, lui aussi, de ses impressions après sa rencontre avec mon père. Il m'affirme que, bien sûr selon lui, mon père m'a bel et bien aimé malgré tout. Qu'il m'a probablement très mal aimé, mais qu'il éprouvait vraisemblablement beaucoup d'amour pour moi. À son avis, je devrais lui accorder mon pardon. Un pardon total et inconditionnel, ne serait-ce que pour mon propre bien.

Michel est mon grand ami. Je lui dois beaucoup. Et même si, en théorie, je suis d'accord avec lui, je me demande tout de même si j'aurai demain la force de consentir à mon père cet ultime pardon.

***

Le lendemain, je me réveille avec la gueule de bois et la tête remplie par un indescriptible tumulte d'émotions contradictoires. Je tente de rassembler mes idées et surtout de trouver la force de retourner une seconde fois au pénitencier. Finalement, je prends mon courage à deux mains, bien résigné à rendre cette dernière visite à mon père.

De retour au parloir de la prison, je retrouve mon père de nouveau derrière la vitre blindée. Cette fois, il m'a préparé une surprise : une lettre, écrite à la main. Puisque nous ne pouvons échanger aucun objet, il colle la lettre dans la vitre pour que je puisse la lire sur place. Je plisse les yeux et approche mon visage pour décoder sa délicate écriture. Au fil des phrases habilement formulées, mon père reconnaît qu'il m'a fait beaucoup de mal, mais souhaite que je trace une croix sur le passé et que je refasse ma vie, que je passe à autre chose une bonne fois pour toutes. La lecture de ces phrases m'apaise et m'apporte un grand réconfort. C'est comme un baume sur mes vieilles blessures. Ému, avec des sanglots dans la voix, je réussis à dire à mon père que je lui pardonne et que je suis maintenant prêt à faire la paix avec le passé. En levant les yeux, je remarque que mon père pleure, lui aussi, et j'en déduis qu'il regrette sincèrement tous les actes qu'il a commis. Avant de m'en aller, je place ma main sur la vitre, à la hauteur de la sienne, en lui promettant de garder contact et de lui écrire régulièrement.

Je quitte la prison le cœur léger, persuadé que la boucle est définitivement bouclée. Je ne vais pas tarder à réaliser que je me suis complètement leurré. Malgré ses excuses, ses larmes, ses demandes de pardon, mon père n'a pas changé. Il ne changera jamais. Il demeure et restera ce bourreau que j'ai eu le malheur d'aimer.

Une visite en prison **217**

Je retourne rejoindre Michel et les femmes de mon père, dans leur petite maison. Après le dîner, tout le monde va rendre visite à mon père, chacun à tour de rôle, tandis que, resté seul dans la maison, je tourne en rond, l'esprit hanté par ces deux rencontres avec mon père. Distraitement d'abord, je me mets à observer les lieux. Puis, je commence à effectuer un examen plus attentif. Les murs sont tapissés de peintures et d'œuvres picturales, toutes réalisées par mon père depuis le début de son séjour en prison. Des dizaines et des dizaines de toiles, plus ou moins abstraites, qui chacune à sa façon dévoile les nombreuses facettes de la folie de mon père, en particulier son obsession pour la sexualité. Deux œuvres retiennent davantage mon attention. Sur la première, on voit un homme qui tient d'une main son énorme pénis en érection tandis que de l'autre, il manie un archet à la manière d'un violoncelliste. La seconde toile, peinte sur un immense tissu, présente le visage d'un homme qui se prolonge en de multiples tentacules au bout desquels se trouvent des ovules. La métaphore n'y est que trop évidente, mon père ayant propagé sa descendance en s'accouplant avec de si nombreuses femmes...

Habité par toutes ces images nées de l'imagination délirante de mon père, je sens une profonde et ancienne douleur refaire lentement surface. Je voudrais crier, hurler. Extirper cette douleur qui remonte en moi. Désemparé, je décide alors de me réfugier dans la musique et j'ouvre la radio au maximum. Ironie du sort, c'est la très belle et très triste chanson « Je suis un saule inconsolable », d'Isabelle Boulay, qui est alors diffusée. Chaviré par les émotions qui se bousculent en moi, par les souvenirs que je croyais avoir oubliés, je me mets à chanter à tue-tête. Tout défile à un rythme effréné dans mon esprit : les coups de ceinture de mon père, les effusions de sang, la menace de sa carabine dans la nuit glaciale de l'hiver gaspésien, ses terrifiantes opérations chirurgicales. Je revois les supplices qu'il nous a fait subir, non seulement à moi et à François, mais à tous les membres de la secte, hommes, femmes et enfants, et c'est alors que je craque. J'éclate en sanglots et je m'écrie : « Pourquoi, pourquoi tout ça ? Pourquoi c'te vie de chien-là ? » Je pleure, je pleure et je pleure encore, sans toutefois réussir à apaiser le mal qui déborde de mon corps tout entier. Je suis complètement désorienté. J'éprouve des sentiments très ambivalents à l'égard de mon père : je souhaite vraiment lui pardonner mais, en même temps, je lui en veux terriblement pour tout ce qu'il m'a fait subir.

Le lendemain, Michel et moi, nous reprenons l'autobus vers Montréal. Je me sens plus confus que jamais. Ce que je ne sais pas encore, c'est que je suis en train de vivre le début d'une série d'épisodes psychotiques qui vont jalonner les prochaines années de ma vie.

CHAPITRE 36
Entre le passé et l'avenir

Été 1999

FRANÇOIS

Je n'ai jamais vu mon frère dans un tel état. Depuis que Roch-Sylvain est revenu de Port-Cartier, il n'est plus le même homme. Extrêmement agité, il parle sans arrêt et il saute constamment du coq à l'âne. Je suis sérieusement inquiet de la tournure des événements. Qu'est-ce qui a bien pu se passer là-bas pour qu'il revienne aussi perturbé? Il ne semble pourtant pas victime d'une rechute de consommation de drogues, mais il y a vraiment quelque chose qui cloche.

J'aurais bien aimé revoir notre père, moi aussi, mais au fond, je crois que je ne suis pas encore prêt à lui faire face. Quand je repense à tout ce qu'il nous a fait subir, et surtout à la mort d'Angèle, je sens monter en moi une révolte et une colère que j'ai peine à contenir. Je ne comprends tout simplement pas comment mon père a pu faire subir autant de violence à des femmes et à des enfants. Moi, jamais je ne pourrais lever le doigt sur une femme. D'ailleurs, il ne m'est pas facile de maîtriser mes réactions face à la violence des autres.

Je travaille présentement dans un bar où je suis *doorman*. C'est certain que je dois souvent séparer des gars un peu trop soûls qui veulent se battre, mais quand un type s'en prend à une femme, là je ne vois plus clair. L'autre jour, j'ai carrément dérapé. J'ai sorti par la peau du cou un gars qui venait de bousculer sa blonde et alors, je lui ai vraiment donné une méchante volée. J'ai perdu le contrôle de moi-même et je me suis tellement acharné sur le gars que la serveuse pensait que j'allais le tuer. Elle me criait d'arrêter alors que j'étais littéralement en train de l'étrangler. Quand j'ai enfin lâché prise, le gars s'est sauvé, traumatisé, et la serveuse m'a regardé d'un air ahuri. Elle m'a dit qu'elle avait eu l'impression que le diable s'était emparé de moi.

J'avoue que, sur le coup, cet accès de rage m'a passablement inquiété. Pendant un certain temps, j'ai même eu peur d'être condamné à répéter une sorte de schéma de violence hérité de mon père. Mais en y réfléchissant bien, j'ai plutôt compris que je suis incapable d'exercer la moindre violence sur les plus vulnérables d'entre nous. Au contraire, pour l'avoir subie moi-même, j'éprouve une sainte horreur à l'égard de toute forme de violence et j'exècre tous ceux qui, en position de pouvoir, imposent leurs volontés aux autres. Bien sûr, ça ne me justifie pas de sauter une coche. Et c'est vrai que quand je suis témoin de ce genre d'injustice, ça vient tellement me chercher que je vois rouge. Mais ça, maintenant, je le sais. Je sais qu'il y a d'autres manières de réagir. Il faut simplement que je m'arrange pour éviter de me retrouver dans ce genre de situation. Car je n'ai pas à avoir honte de violemment détester la violence.

    Je suis d'ailleurs très heureux de sentir que ma relation avec Isabelle devient de plus en plus sérieuse. Cette femme belle, gentille et intelligente, je n'en reviens tout simplement pas qu'elle continue à m'aimer et à vouloir vivre avec moi, tout en sachant qui je suis et d'où je viens. Face à un passé familial comme le mien, elle aurait très bien pu décider de s'éclipser. Mais non, je sens qu'elle m'aime sincèrement et qu'elle me fait confiance. Ses parents se sont un peu inquiétés au début – j'aurais fait de même à leur place! –, mais ils ont rapidement constaté qu'ils n'avaient pas à se méfier de moi. Ils nous ont même offert d'habiter une partie de leur maison familiale, que nous pourrons éventuellement acheter si tout continue à bien se passer entre nous. Je suis très touché de la confiance qu'ils me témoignent et je suis bien déterminé à leur prouver qu'ils ne se sont pas trompés à mon sujet.

***

Septembre 1999

C'est le plus beau jour de ma vie! Isabelle vient de m'annoncer qu'elle est enceinte et que je vais être papa!

    Jamais je n'oublierai ce moment... Isabelle sort de la salle de bain en pleurant et en tremblant. Inquiet, je m'approche d'elle et je lui demande doucement:

    — Qu'est-ce qu'il y a, ma belle?

    — Je suis enceinte, François. Nous allons avoir un bébé.

Puis d'un air inquiet, elle me regarde et ajoute : « Es-tu content ? »

Je suis stupéfait, incrédule, mais la réponse ne fait pour moi aucun doute : « Oui, je suis content, Isabelle. » Terriblement ému, je la serre dans mes bras. Je suis le plus heureux des hommes ! Je me sens tellement privilégié qu'une femme aussi merveilleuse m'ait choisi pour être le père de ses enfants.

***

Les mois passent et le ventre d'Isabelle grossit à vue d'œil. Nous savons maintenant que ce sera une fille et nous l'attendons avec impatience. Toujours aussi heureux à l'idée de devenir papa, je prends soin de mon amour du mieux que je peux. Chaque jour, je lui flatte le ventre avec de l'huile d'amande, pour prévenir les vergetures, et j'en profite pour murmurer des mots doux à notre petite poulette. Cette dernière se manifeste d'ailleurs de plus en plus souvent par des coups de pieds qui font onduler la peau du ventre d'Isabelle.

Malgré mon enthousiasme et mon enchantement, je suis régulièrement hanté par de profonds doutes. Est-ce que je serai un bon père ? Chaque fois que cette question surgit, les vieux fantômes de mon passé refont surface et je revois le visage de mon père. Avec un tel passé, réussirai-je à offrir à ma femme et à ma fille tout le bonheur qu'elles méritent ?

Je suis aussi préoccupé par ma stabilité professionnelle et financière. Je travaille la semaine dans une entreprise de fibre de verre, où j'ai peine à gagner ma vie convenablement, et je travaille encore souvent les soirs ou les fins de semaine comme *doorman*. Plus j'y pense et plus je souhaite me reprendre en mains sur le plan professionnel. Je ressens le besoin impérieux de me trouver un vrai métier et de bien gagner ma vie. Je suis déterminé à devenir un bon père de famille. Reste seulement à trouver le meilleur moyen pour y parvenir.

***

Ça y est, j'ai pris ma décision. J'en air parlé avec Isabelle et elle est parfaitement d'accord avec moi. Je vais retourner aux études et suivre une formation pour devenir électricien.

Bien déterminé, je prépare ma candidature afin de bénéficier d'une formation offerte par l'assurance-emploi. Je franchis chaque étape avec beaucoup de sérieux et je passe tous les tests nécessaires. Je dois toutefois faire preuve de patience, car cette formation est contingentée.

Malgré cet enthousiasme et mes beaux projets d'avenir, je suis régulièrement rattrapé par des responsabilités familiales d'un autre ordre, car il faut aussi que je m'occupe de mon frère Roch-Sylvain. Sa blonde, Annie, ne sait plus quoi faire de lui. L'autre jour, il a appelé la police en disant qu'il la soupçonnait de comploter un meurtre contre lui. C'est finalement lui qui s'est fait ramasser : les policiers et les ambulanciers sont venus le chercher à l'appartement pour l'emmener à l'urgence psychiatrique. Il a été relâché le lendemain et depuis, c'est Annie qui prend soin de lui. Elle lui donne ses médicaments, lui prépare à manger, veille sur lui. Et moi, je fais ce que je peux pour lui donner un coup de main.

Ça me brise le cœur quand je vois Roch-Sylvain aux prises avec ses problèmes de santé mentale. Chaque fois, je repense à notre passé et à tout ce que nous avons vécu avec notre père. Mon frère a été plus affecté que moi, c'est certain, en raison de son attachement plus marqué pour notre père. Et il en paye encore aujourd'hui le prix. Un peu comme s'il ne s'était jamais vraiment guéri de ses profondes blessures. Et devant cette souffrance, je me sens tout à fait impuissant.

***

Février 2000

Grande déception. Ma candidature pour le programme d'études en électricité n'a pas été retenue. Même si j'ai réussi tous les tests, je ne figurais pas parmi les meilleurs candidats. Malgré tout, je ne perds pas espoir. L'an prochain, je tenterai ma chance de nouveau.

CHAPITRE 37
Une première naissance

25 juin 2000

FRANÇOIS

Ça y est! C'est le grand jour! Isabelle vient de crever ses eaux et nous quittons notre domicile pour l'hôpital. Coup de malchance, il pleut des cordes et la conduite automobile s'avère particulièrement hasardeuse. Plus j'avance et plus il m'est difficile de voir devant moi.

Quelques minutes plus tard, la pluie torrentielle a rendu la visibilité presque nulle. Je ne peux même pas me tasser sur le côté de l'autoroute. Je n'ai pas d'autre choix que de continuer à très basse vitesse, en souhaitant ne pas être percuté par un autre véhicule. Heureusement, Isabelle est assise à l'arrière avec Marie-Josée, la marraine de Roxane, et les deux femmes sont si préoccupées par l'évolution des contractions qu'elles ne prêtent pas attention au déluge et aux mauvaises conditions routières.

Après une trentaine de minutes, qui m'ont semblé une éternité, nous arrivons à l'hôpital; on nous dirige vers la salle d'accouchement. Pendant que l'anesthésiste se prépare à procéder à l'épidurale, le médecin me conseille de me rendre au poste d'infirmières pour remplir les papiers nécessaires à l'enregistrement d'Isabelle et de notre bébé. Tandis que je me concentre sur cette tâche, j'entends au loin une voix qui m'est familière. En me retournant, je reconnais Manon, la conjointe de mon bon ami Daniel. Visiblement surprise de me voir, elle me demande ce que je fais là. Je lui explique que je suis sur le point d'assister au plus heureux des événements: la naissance de notre fille. Mais je remarque que Manon a l'air particulièrement bouleversée. À mon tour, je lui demande la raison de sa présence à l'hôpital. Alors, elle éclate en sanglots et, péniblement, elle me raconte que son conjoint, Daniel, vient de subir un terrible accident d'auto. Elle ne sait pas trop ce qui s'est passé, mais elle est affreusement inquiète. Au même moment, la mère de Daniel apparaît au bout du corridor et les deux femmes se jettent dans les bras l'une de l'autre en pleurant à chaudes larmes. Leurs cris et leurs sanglots sont si intenses que je dois me rendre à l'évidence: Daniel vient de mourir.

Je suis tétanisé. Daniel, mort? Mon grand chum Daniel? Je n'arrive pas à y croire. Mais soudain, une infirmière me ramène à une autre réalité: elle me rappelle que la femme de ma vie est en train d'accoucher et que je dois absolument aller m'en occuper.

De retour dans la salle d'accouchement, malgré mes efforts, je ne réussis pas à retenir mes larmes. Pourtant, je ne veux pas parler de tout ça à Isabelle afin de ne pas l'inquiéter pendant ces moments déjà assez difficiles pour elle. Isabelle n'est toutefois pas sans remarquer mon émotion. Elle me pose bien quelques questions, mais je réussis à éviter le sujet. Heureusement que Marie-Josée est là, car sa présence me permet de sortir de la chambre de temps à autre. Chaque fois, je retrouve Manon, toujours en état de choc. Je suis en plein désarroi : je ne sais pas du tout si je dois être triste ou heureux.

Finalement, inquiet à l'idée qu'Isabelle se mette à imaginer que je pleure parce qu'elle est victime de complications, je choisis de lui annoncer la mort de notre ami. Isabelle ne semble pas vraiment réaliser le drame qui vient de se jouer, trop occupée par les douleurs des contractions. De mon côté, je n'en peux plus. Cette accumulation d'événements me dépasse. Brusquement, je quitte la chambre en sanglotant. Sans trop réfléchir, comme un automate, je grimpe les escaliers de l'hôpital pour me retrouver sur le toit. La pluie s'est calmée, mais le temps est toujours maussade. Je comprends soudain que Daniel a probablement été victime des conditions routières. Désespéré, je me jette à plat ventre en maudissant le ciel de m'imposer une telle épreuve le jour de la naissance de ma fille. Si Dieu existe, pourquoi a-t-il choisi cette journée, qui devrait être la plus belle de ma vie, pour aussi faire mourir mon ami ?

Lorsque je redescends à la chambre, je suis plus calme, prêt à accompagner Isabelle pour la dernière phase de l'accouchement. Après quelques complications mineures, notre fille Roxane émerge enfin, petite créature hurlante et grouillante de vie. Malgré l'intensité de ses pleurs, elle s'apaise dès que je la prends dans mes bras, comme si elle avait reconnu cette voix qui lui murmurait des mots doux alors qu'elle était encore dans le ventre de sa mère. Je suis fou de joie, déjà amoureux de cette petite fille toute rose et potelée.

Ce jour-là, j'ai compris une des dures vérités de l'existence : pour qu'un nouvel être arrive, un autre doit partir.

CHAPITRE 38
Les psychoses de Roch-Sylvain

Hiver 2000-2001

ROCH-SYLVAIN

Le téléphone sonne et je réponds. C'est lui, mon père. Il m'appelle de la prison et, à ma grande surprise, il me demande de venir le rejoindre, de déménager à Port-Cartier pour habiter près de chez lui. Pas question pour moi d'aller là-bas, bien sûr, mais il insiste en me disant qu'il a besoin de moi. Je tiens bon: je ne peux pas déménager là-bas, puisque je vis avec Annie, que j'aime beaucoup et avec qui je suis en train d'établir une relation très intense. Il y a aussi mon frère qui habite près d'ici avec sa blonde et leur bébé; je tiens à rester près d'eux. Sans compter mon emploi au centre d'appels. Pas question de lâcher tout ça pour aller vivre à l'autre bout du monde à côté de la prison de mon père!

« Voyons donc, Aaron! Tu ne vas quand même pas passer toute ta vie dans un centre d'appels. J'ai d'autres projets pour toi. Et moi, j'ai besoin de mon fils ici, à mes côtés! » Je reconnais là tout l'égoïsme de mon père, incapable de penser aux autres. Et je reste inébranlable. Je refuse carrément de plier. Cette fois-ci, il ne m'aura pas !

Je raccroche. Papa ne cessera-t-il donc jamais de chercher à me manipuler ?

***

Les mois passent. Mes états d'âme fluctuent au gré de mes dérèglements psychiques et de ma consommation de narcotiques. De temps à autre, je dois être hospitalisé pour une courte durée, après quoi je ressors avec un nouveau dosage de médicaments à respecter. À chaque sortie, je reprends patiemment mon travail au centre d'appels de télémarketing, en souhaitant que mon état psychotique soit enfin complètement stabilisé. Malheureusement, ce n'est pas du tout le cas.

***

8 mars 2001

Depuis quelques jours, je suis de nouveau interné, à la suite d'un autre épisode de psychose. Comme à chacun de mes séjours en psychiatrie, c'est pour moi une autre occasion de revisiter mon passé et mes douloureux souvenirs.

Aujourd'hui, le 8 mars, Journée internationale de la femme, étendu sur mon lit d'hôpital, je repense à mon père et à ses femmes, à toutes les orgies sexuelles auxquelles j'ai assisté, ou même participé.

Puis refont surface tous les supplices qu'il nous a fait subir. J'en veux profondément à mon père de nous avoir imposé une telle vie.

Une idée surgit soudain dans ma tête: profiter de cette Journée de la femme pour écrire une lettre à mon père. Bien déterminé, je saisis un crayon et quelques feuilles de papier, j'approche la petite table mobile de mon lit et je me mets au travail. En dépit de mon état psychotique et de la lourde médication qui m'est imposée, je réussis à écrire avec assez d'aisance de sorte que les mots coulent librement. Dans une lettre somme toute plutôt succincte, j'exprime à mon père les ressentiments que j'éprouve encore à son égard en raison des multiples abus qu'il m'a fait endurer. En réaction à son dernier appel téléphonique, je lui demande aussi de ne plus chercher à me manipuler sans quoi je mettrai fin à toute forme de communication entre nous.

En terminant la rédaction de cette lettre, je ressens comme une bouffée de confiance. J'éprouve un réel sentiment de libération. Même si mes émotions restent encore confuses, en raison de mon état psychotique, j'ai l'impression d'être en train d'accomplir un geste d'affirmation d'une importance cruciale. Je réalise que je prends fermement position face à mon père, ce que j'ai rarement réussi à faire jusqu'ici.

Quelques heures plus tard, je dépose ma lettre au comptoir postal. Je me sens soulagé et léger. Enfin, je viens de poser un geste significatif à l'égard de mon douloureux passé familial.

***

Printemps 2002

FRANÇOIS

Tout s'accélère pour moi depuis quelques mois. J'ai finalement été accepté au programme de métier d'électricien l'automne dernier, après ma première tentative infructueuse. J'étais fou de joie quand j'ai appris la nouvelle! Au bout de toutes ces années à vivoter de petite jobine en petite jobine, je vais maintenant passer à une autre étape et accéder à un nouveau statut professionnel. Enfin, un vrai métier!

Ce n'est toutefois pas gagné d'avance, car les cours sont difficiles et les professeurs, très exigeants. Étant donné que le coût de la formation est déboursé par le gouvernement, il faut marcher droit, ne pas manquer de cours et réussir aux examens. Décidé à terminer le programme coûte que coûte, je multiplie les efforts et j'étudie avec assiduité. J'essaie en parallèle de continuer à bien épauler Isabelle avec notre petite Roxane et de remplir toutes mes responsabilités familiales.

Malgré mes bonnes intentions et les nombreux efforts que je déploie pour avancer dans la vie, je dois avouer que je me sens continuellement enchaîné par mon passé. C'est le sentiment qui m'habite chaque fois que mon frère fait une nouvelle rechute. Depuis qu'Annie m'a téléphoné pour me dire qu'elle ne veut plus rien savoir de Roch-Sylvain, c'est maintenant moi qui dois en prendre la totale responsabilité. Encore une fois, je sens que c'est mon passé qui me rattrape et que jamais je ne réussirai à m'en libérer.

Aujourd'hui, un policier m'a téléphoné pour m'aviser qu'ils avaient encore emmené mon frère à l'hôpital, cette fois-ci parce qu'il se promenait nu, en pleine nuit, dans son immeuble, tout en cognant à la porte des voisins pour leur demander du sucre. L'agent a même cru bon de mentionner que mon frère semblait aussi avoir des conversations avec son réfrigérateur.

Quelques minutes plus tard, voilà que c'est mon frère qui m'appelle, directement de l'hôpital. Indéniablement en pleine décompensation psychotique, il me raconte que le personnel de l'hôpital lui a placé une puce électronique dans le dos afin de le surveiller à distance. Inquiet, je raccroche, ne sachant plus où donner de la tête.

Pour tenter d'y voir plus clair, je rappelle à l'hôpital pour parler au médecin de Roch-Sylvain. Je réussis finalement à le joindre après plusieurs tentatives. Préoccupé au plus haut point, je lui demande de m'expliquer ce qui se passe avec mon frère et je lui fais part de mon inquiétude au sujet de sa médication actuelle. Celle-ci est-elle adéquate? Et la prend-il sur une base régulière? Visiblement agacé par mon ton un peu inquisiteur, le médecin me répond qu'il ne peut pas forcer mon frère à prendre sa médication contre son gré. Désemparé, je lui demande s'il est possible de faire interner mon frère de manière à ce qu'il soit mieux encadré, mais je sens rapidement la porte se refermer. Apparemment, nos liens fraternels ne suffisent pas: je n'ai aucun statut légal en ce qui concerne mon frère.

Furieux, je raccroche en pestant contre le système médical. Il ne me reste qu'une solution: appeler ma mère. Elle habite à des centaines de kilomètres, mais elle pourrait peut-être venir à Montréal pour m'aider à faire interner mon frère. Pas aussi coopérative que je le souhaiterais, ma mère me répond d'abord plutôt froidement en se disant peu encline à faire le voyage jusqu'ici pour venir nous aider. Puis elle se ravise, quelques minutes plus tard, en réalisant l'ampleur de mon désarroi de même que les énormes difficultés que Roch-Sylvain est en train de vivre.

Dès le lendemain matin, maman vient me rejoindre chez moi afin d'aller à l'hôpital pour rencontrer le médecin traitant de Roch-Sylvain. Coup de malchance, je dois normalement passer aujourd'hui un examen des plus importants pour mon cours d'électricien et je ne peux vraiment pas me permettre de le manquer. Plus que jamais déterminé à aider mon frère, je fais un arrêt rapide à l'école pour expliquer la situation à mon professeur. Mais, il ne peut rien faire pour moi. Si je rate cet examen, c'est l'échec assuré. Je n'aurai alors plus qu'une seule possibilité: l'examen de reprise qu'il me faudra réussir avec brio, sans quoi je serai exclu du programme. Encore une fois, je me sens déchiré entre mon passé et mon avenir. Mais je choisis tout de même de me rendre à l'hôpital, en me jurant de réussir l'examen du premier coup lors de la reprise.

À l'hôpital, nous réussissons à rencontrer assez rapidement le médecin de Roch-Sylvain afin qu'il nous explique la situation, ce qu'il fait sans détour. C'est ainsi que j'apprends que mon frère est maniaco-dépressif et qu'il a récemment vécu trois ou quatre psychoses, ce qui explique pourquoi il a manifesté ces comportements si étranges qui ont conduit à son hospitalisation. Mais selon lui, Roch-Sylvain devrait pouvoir sortir sous peu. Étonné, je lui demande pourquoi il ne peut pas être interné pour une plus longue durée afin d'assurer sa sécurité et son bien-être. « Impossible, nous informe le médecin, car votre frère n'est pas dément, il est seulement délirant. »

Je suis stupéfait et je réplique aussitôt, sur un ton révolté :

— Quoi! Vous êtes en train de me dire que tant qu'il n'aura pas tué quelqu'un, vous ne l'internerez pas ?

— C'est bien dommage, M. Thériault, mais c'est presque ça. Les rues de Montréal sont remplies de gens comme votre frère. Depuis le début de la désinstitutionalisation, on ne garde plus les psychiatrisés en institution. Ils doivent se débrouiller seuls, tant qu'ils ne représentent pas un danger pour la société.

Et à ma grande surprise, je l'entends ajouter : « Si j'étais vous, je mettrais une croix sur votre frère, il est irrécupérable. »

Ça, c'est la goutte qui fait déborder le vase. Je refuse catégoriquement un tel verdict et je quitte le bureau du médecin, furieux. Ma mère me suit, visiblement ahurie par ma réaction.

Quelques minutes plus tard, nous rejoignons Roch-Sylvain, qui est assis dans un coin de l'urgence de l'hôpital, près de l'entrée des ambulances. Au milieu du va-et-vient du personnel médical et de l'arrivée des patients, je suis ébranlé à la vue de mon frère branché sur divers appareils médicaux, le regard vide. Qu'est-ce que je vais faire de lui ?

Je m'approche doucement et, à mon soulagement, il me reconnaît et se jette dans mes bras en s'exclamant : « François, c'est toi ! » Il semble tout aussi heureux de revoir notre mère, même si celle-ci est assez secouée de retrouver son fils dans un tel état. Jamais je n'ai vu ma mère saisie par une telle émotion.

Ému par cette soudaine solidarité familiale, je me promets intérieurement que jamais je ne laisserai un médecin, ni quiconque, décréter que mon frère est irrécupérable.

***

Été 2002

ROCH-SYLVAIN

De retour au travail depuis quelques semaines, à la suite de ma dernière hospitalisation, je commence à reprendre du mieux. Grâce à l'aide de François, j'ai déménagé dans un nouvel appartement et je tente encore une fois de reconstruire ma vie.

Malgré mes nobles efforts, le passé vient une fois de plus de me rattraper, et par un détour que je n'aurais jamais imaginé. Un peu partout, sur les murs de la ville et dans le métro, je vois les affiches d'un nouveau film : *L'affaire Moïse*. On y présente un homme – mon père, incarné par un acteur célèbre –, barbe et cheveux longs, entouré de son groupe de femmes.

Il n'en fallait pas plus pour que toute l'histoire de la secte de mon père soit ramenée à l'avant-scène de l'actualité. Et c'est pour moi une épreuve de plus, car j'aimerais tellement ne plus jamais entendre parler de tous ces événements pour les oublier à tout jamais. Mais on dirait que c'est en vain.

Cela me rend d'autant plus furieux que je suis totalement impuissant face à cette situation. Par contre, mon cheminement des dernières années me permet de me sentir tout de même un peu plus à l'aise qu'autrefois à l'égard de ma véritable identité, en particulier lorsque je suis questionné par des collègues. Je ne me cache plus comme je le faisais dans le passé. Et, ce qui me soulage énormément, je me sens souvent entouré par une empathie et une compassion qui, d'ailleurs, ne cessent de m'étonner. Loin de me juger, les gens semblent comprendre ma douleur et paraissent se faire du souci pour moi. Cette touchante solidarité me fait du bien et m'encourage. Même si je n'ai pas encore fait entièrement la paix avec mon passé, je sens que je suis engagé sur la bonne voie.

CHAPITRE 39
La descente aux enfers

2003

ROCH-SYLVAIN

Je ne sais plus ce qui m'arrive, mais j'ai complètement perdu le contrôle de mon existence. Escorté des policiers, menottes aux poings et pieds attachés à un fauteuil roulant, je fais mon entrée à l'urgence psychiatrique, où je suis rapidement placé sous évaluation afin de déterminer si je suis en état d'être envoyé en prison.

La raison de ma présence ici n'est pas très claire pour moi, mais il paraît que je me suis attaqué à un locataire de l'immeuble où j'habite. Le pire, c'est que je n'ai aucun souvenir de cet incident. Tout ce que je sais, c'est que je suis désormais traité comme un criminel et qu'on me considère comme un être dangereusement imprévisible en raison de mes antécédents psychiatriques.

***

FRANÇOIS

Je suis désemparé, découragé. Je ne sais plus du tout quoi faire avec mon frère, ni comment l'aider. J'ai reçu un appel des policiers, ce matin, qui m'ont annoncé que Roch-Sylvain a été arrêté pour voies de fait et qu'après un court séjour à l'urgence psychiatrique, il sera transféré en prison. Pauvre lui, que va-t-il devenir là-bas?

Ce qui me choque le plus dans tout ça, c'est de savoir que mon frère a surtout besoin d'être soigné et non pas d'être incarcéré avec de dangereux criminels.

Je me suis renseigné auprès des policiers pour connaître les recours à notre disposition. Ils me suggèrent de déposer une requête afin que mon frère subisse une évaluation en psychiatrie dans un établissement de santé; ce qui implique que je devienne le tuteur légal de mon frère. Autrement, il devra passer sous la responsabilité de la curatelle publique. Dit comme ça, c'est bien intéressant, mais ils m'ont aussi souligné qu'il faut avoir recours à un avocat et que ça représente généralement des frais de 2000 $ à 3000 $. Je suis abasourdi; c'est vraiment au-dessus de mes moyens.

Par contre, les policiers m'ont aussi suggéré de contacter un organisme de Saint-Hyacinthe, qui s'appelle Le Phare, et qui offre des services d'aide aux familles qui vivent avec des personnes atteintes de problèmes psychiatriques. Je vais tenter ma chance de ce côté-là, on ne sait jamais.

Quelques heures plus tard, je cogne à la porte du Phare, en compagnie de ma mère et de Roxane, ma fille d'à peine trois ans. Nous sommes chaleureusement accueillis par une dame qui nous avise qu'elle s'apprête, très bientôt, à fermer boutique. Mais devant nos mines désespérées, elle accepte de nous accueillir pour déterminer si elle est en mesure ou non de nous aider.

Après avoir offert quelques jouets à Roxane, la dame est prête à écouter notre histoire. Prenant mon courage à deux mains, je lui raconte, du mieux que je peux, les problèmes de santé mentale de mon frère, et je lui décris la détresse que j'éprouve à ne pas pouvoir l'aider davantage. Son regard franc et plein d'empathie m'inspire confiance. Je n'ai pas eu tort de garder espoir.

Grâce à cette aide salutaire, je réussis en quelques jours à finaliser une requête complète, remplie en bonne et due forme, accompagnée de tous les papiers médicaux et légaux nécessaires. C'est la planche de salut de mon frère. Je ne remercierai jamais assez le Phare et surtout cette femme si dévouée, pour toute l'aide qu'elle nous a apporté dans ce processus des plus complexes.

Tiens bon, mon Roch-Sylvain, je ne te laisserai pas tomber.

***

ROCH-SYLVAIN

Je ne comprends toujours pas très bien ce qui m'arrive, mais je viens d'être transféré de la prison à un nouvel établissement, l'Institut Philippe-Pinel. Si j'ai bien compris, c'est un peu comme une prison, mais pour les gens qui souffrent de graves problèmes psychiatriques. Je n'ai aucune idée de la durée prévue de mon séjour ici.

Dès mon arrivée, je suis dirigé vers ma chambre privée, à laquelle on accède en franchissant une porte automatique. En plus du mobilier habituel, à savoir un lit, une toilette et un lavabo, je remarque une radio encastrée dans le mur de ciment, ainsi que deux boutons de contrôle directement placés sur le mur: un pour ouvrir la porte automatique et l'autre pour appeler le poste d'infirmières.

Selon ce que j'ai compris, le premier objectif de mon séjour ici est d'établir mon véritable profil psychiatrique. J'ai déjà reçu un diagnostic de bipolarité, il y a quelques années, mais mon médecin semble croire que je souffre peut-être d'un autre problème de santé mentale. Pour y voir plus clair, il suspend toute ma médication pour une durée indéterminée. Loin de comprendre les tenants et aboutissants de toute cette démarche thérapeutique, je me résigne.

Ce sevrage de médicaments est pour moi le déclencheur d'une série de psychoses, les plus intenses que j'ai vécues jusqu'à présent. Pendant plusieurs semaines, je suis le jouet de différents délires. À certains moments, je crains une invasion extraterrestre ou bien je me sens poursuivi par la CIA. Paranoïaque à l'extrême, je n'ose même plus répondre au téléphone, me méfiant de tout le monde, y compris mon frère et ma mère.

Un jour, persuadé que je suis destiné à la peine capitale, je demande au personnel infirmier si la peine de mort existe au Canada. Puis je m'informe sur les démarches à suivre afin de rédiger mon testament et de planifier mon incinération. À un autre moment, alerté par des bruits de pelle sous la fenêtre de ma chambre, je suis convaincu qu'on est en train de creuser la fosse pour enterrer mon cadavre.

Deux mois et demi plus tard, je reprends peu à peu mes esprits, grâce à une nouvelle médication. Le médecin vient me rencontrer pour m'annoncer son diagnostic : je suis schizophrène.

CHAPITRE 40
Naissance et renaissance

Décembre 2004

ROCH-SYLVAIN

Le moins qu'on puisse dire, c'est que je reviens de loin. Voilà maintenant près d'un an et demi que je suis hospitalisé. Après mon séjour à l'Institut Pinel, j'ai été transféré dans l'aile psychiatrique des soins de longue durée d'un hôpital régulier où je reçois tous les soins et l'accompagnement nécessaires à ma réhabilitation. Évalué de près par un psychiatre que je rencontre aux deux semaines, j'ai aussi la chance d'être suivi par un travailleur social et une neuropsychologue, qui m'aident à préparer ma sortie. J'ai commencé à réfléchir avec eux à la possibilité de retourner aux études et de réintégrer le marché du travail.

Depuis quelques semaines, je participe à un projet de réinsertion sociale comme aide-animateur dans l'hôpital où je suis interné. Cette implication sociale me valorise et m'aide à redonner un sens à ma vie.

Dans quelques jours, ce sera ma première sortie officielle. J'ai obtenu cette autorisation pour le jour de l'An, que je compte passer en compagnie de ma nouvelle copine, Manon, rencontrée ici, à l'hôpital. Et dans moins d'un mois, le temps sera venu pour moi de passer à une autre étape, car je quitterai l'hôpital pour séjourner quelques mois en famille d'accueil, avant de pouvoir voler de mes propres ailes.

Après toutes ces années de noirceur, j'ai réellement l'impression de renaître. Grâce à ma médication, mes psychoses semblent bel et bien chose du passé. Et surtout, j'ai réussi à faire une croix sur la consommation de drogues. Enfin, je sens que j'ai les deux pieds bien ancrés sur terre.

***

9 janvier 2005

FRANÇOIS

Les femmes disent souvent que les seconds accouchements sont plus faciles parce que le chemin est déjà fait, mais je n'aurais jamais pensé que c'était aussi vrai ! Je viens d'assister à la naissance de ma fille Mégane, et il s'en est fallu de peu qu'elle ne me tombe directement dans les mains. À peine quelques minutes de poussées et la petite était là !

Me voilà donc papa, une seconde fois, pour mon plus grand bonheur ! Malgré mes premières réticences, la paternité est pour moi une expérience des plus enrichissante. Je sens que, en dépit de mon passé familial, j'ai jusqu'ici réussi à être un bon papa pour Roxane, et je compte bien en faire autant avec Mégane.

On prétend parfois que les enfants battus deviennent souvent des parents violents. C'est ce qu'on appelle « le cycle de la violence », semble-t-il. Ce n'est vraiment pas mon cas. Au contraire. L'autre jour, j'ai dû me résigner à donner une petite tape sur les fesses de ma Roxane-l'intrépide qui, du haut de ses quatre ans, venait de me donner une gifle. En lui infligeant sa correction – une première pour moi tout autant que pour elle –, je me suis soudainement senti très mal et j'ai fondu en larmes. Je suis tout simplement incapable de lui faire du mal, même si c'est pour son bien.

Après tout ce que j'ai vécu comme traumatismes avec mon père, c'est pour moi un devoir d'offrir autre chose à mes filles. Et que je ne voie jamais un autre homme lever la main sur l'une d'elles !

***

Été 2005

Est-ce une nouvelle vie qui commence pour nous ? C'est aujourd'hui que nous aidons Roch-Sylvain à s'installer dans son nouvel appartement. Après un séjour de six mois en famille d'accueil, il est maintenant prêt à se débrouiller seul.

Isabelle et moi, nous lui avons préparé quelques boîtes avec tout ce dont il aura besoin : vaisselle, draps, vêtements, nourriture. Tel un naufragé, il repart vraiment à zéro et il aura certainement besoin de nous pour reconstruire sa nouvelle vie. Plus que jamais, je veux être là pour l'appuyer.

Nous avons fait le voyage à deux voitures, entre sa famille de transition et son appartement, pour transporter tout le matériel et ses effets personnels. En entrant dans le logement, j'ai constaté que, malgré l'étroitesse des lieux, Roch-Sylvain avait au moins une belle grande fenêtre qui lui donnait de la lumière et une vue sur l'extérieur.

La tête contre la vitre, je laisse mon esprit s'égarer pendant un moment et je ressasse mentalement tous les obstacles que nous avons traversés ensemble depuis notre enfance; des violences de notre père jusqu'aux dernières psychoses de Roch-Sylvain. Légèrement inquiet, je me demande si mon frère sera à l'aise ici et si son état mental demeurera stable. Je tente de me rassurer en me remémorant notre dernière rencontre avec l'équipe médicale. Ils m'ont affirmé que Roch-Sylvain serait régulièrement suivi par un psychiatre et un travailleur social, et qu'il sera souvent contrôlé afin de s'assurer qu'il a réellement mis un terme à sa consommation de drogues.

Je me retourne vers lui et je remarque qu'il semble particulièrement en forme. Pour une rare fois depuis très longtemps, je décide de lui faire confiance, ce qui me procure un véritable sentiment d'apaisement.

Avant de le quitter, je m'assure qu'il ne manque de rien et j'insiste pour qu'il m'appelle s'il a besoin de quoi que ce soit.

Sur le pas de la porte, je le salue et il m'étreint en me remerciant pour mon aide. Contenant à peine mon émotion, je lui réponds en le serrant encore plus fort dans mes bras.

— Tu sais, je t'aime, mon frère.
— Moi aussi, je t'aime, François.

Épilogue

Juin 2009

ROCH-SYLVAIN

En terminant l'écriture de ce livre, je sens que le temps est venu de me réconcilier avec mon passé. Même si j'en conserverai à jamais de profondes plaies et de vives blessures, j'aimerais aujourd'hui regarder vers l'avenir avec confiance et optimisme.

L'entrée dans l'âge adulte a été pour moi des plus ardue. Mes multiples rechutes dans le monde de la drogue et mes tout aussi nombreuses psychoses en sont la preuve. Mais grâce aux excellents soins de santé dont j'ai bénéficié, lors de mes thérapies et internements psychiatriques, je crois que je peux maintenant affronter mon passé et faire la paix avec mon père. Je n'ai à présent plus aucun contact avec lui et ce, depuis plusieurs années. Le ressentiment que j'ai longtemps cultivé à son égard ne me ronge plus et je me sens de plus en plus détaché de lui. Mon principal souhait, c'est que ses longues années d'incarcération auront été pour lui l'occasion de réfléchir sur tous les crimes qu'il a commis et sur le mal qu'il a fait subir à ses victimes.

Il va sans dire que ce travail de rédaction n'aura pas été facile. D'autant plus qu'en cours d'écriture, ma copine, Manon, a été emportée par une grave maladie pulmonaire. Voilà un nouveau chagrin qui s'ajoute aux vieilles souffrances que ravive ce récit. Un récit qui, maintenant achevé, représente pour moi un passage nécessaire dans ma démarche de résilience.

Avant de terminer ce livre, j'aimerais offrir mes sincères excuses à tous les gens auxquels j'ai pu causer du tort ou du mal, notamment au cours de mes années de déchéance. J'aimerais aussi m'excuser sincèrement auprès du petit garçon que j'ai brutalisé quand nous vivions dans la secte en Gaspésie, même s'il ne se souvient probablement pas de ces actes de violence, enfin je l'espère. J'aimerais qu'il sache que ces événements représentent pour moi les souvenirs les plus douloureux que je conserve de mon passé, et que je les traîne comme de véritables boulets. En espérant que la publication de ce livre sera pour moi l'occasion de m'en libérer un tant soit peu.

J'en profite aussi pour remercier tous ceux qui m'ont appuyé dans mes multiples tentatives de guérison et de réhabilitation, ma mère Francine, ma famille, mes amis et les membres du système de santé. Mais plus que tout, je voudrais exprimer ma plus profonde gratitude à l'endroit de mon frère, François, qui m'a toujours apporté son soutien inconditionnel. Sans lui, je ne sais même pas si je serais encore en vie. Merci, mon frère, d'avoir toujours été là pour moi.

***

FRANÇOIS

Contrairement à mon frère, Roch-Sylvain, qui a suivi diverses thérapies, je n'ai jamais réellement eu à faire face à mon passé ni à affronter mes vieux fantômes. C'est la raison pour laquelle je souhaitais écrire ce livre. Et aujourd'hui, je dois reconnaître que l'exercice n'a pas toujours été facile.

En écrivant cette histoire, j'ai nécessairement eu à me remémorer plusieurs événements que j'aurais peut-être préféré oublier. Mais j'ai aussi eu l'occasion de revisiter notre jeunesse d'une façon différente, et de découvrir certains aspects de la personnalité de mon père, qui jusqu'ici m'étaient inconnus. Même si je savais qu'il était un dangereux criminel, un tortionnaire qui a brutalisé à maintes reprises ses femmes et ses enfants, j'ignorais qu'il avait aussi sexuellement abusé de certains de mes demi-frères et demi-sœurs.

Cette découverte m'a profondément bouleversé et j'ai encore peine à m'en remettre. Je dois spécifier que par pudeur ou déni, je ne sais trop, je n'avais pas pris connaissance des livres et des films qui ont été réalisés à partir de l'histoire de mon père. J'en avais seulement entendu quelques échos, ce qui explique pourquoi je n'étais pas au courant de tous les détails scabreux de cette affaire.

De savoir que mon père a commis des abus sexuels sur des enfants a été un véritable choc pour moi. En tant que père de famille, je ne peux supporter l'idée qu'il ait pu commettre de telles horreurs. Je dois le confesser : je suis très loin d'avoir pardonné à mon père.

Un jour, sans doute, j'irai le voir pour lui faire face et, qui sait, faire la paix avec lui. Mais le moment n'est pas encore venu.

En écho à mon frère, j'aimerais aussi remercier tous les gens qui m'ont appuyé au cours de ma vie et en dépit des nombreuses difficultés que j'ai connues. Et tout spécialement, je tiens à exprimer mon immense gratitude à ma femme Isabelle ainsi qu'à mes deux filles, Roxane et Mégane, les deux autres perles de ma vie. C'est pour elles que j'ai écrit ce livre, pour me libérer d'un poids que je traîne depuis trop longtemps, et pour ainsi devenir un meilleur papa. Je vous aime, mes amours!

Table des matières

Introduction 7
Chapitre 1 La fuite 9
Chapitre 2 Une vie de famille normale 13
Chapitre 3 La révélation divine 21
Chapitre 4 La rupture familiale 25
Chapitre 5 L'endoctrinement religieux
 de Roch-Sylvain 35
Chapitre 6 Le début d'une nouvelle vie 43
Chapitre 7 Les préparatifs du voyage 51
Chapitre 8 Le voyage 55
Chapitre 9 La Gaspésie 63
Chapitre 10 La fin du premier séjour
 en Gaspésie 73
Chapitre 11 Une année à Thetford Mines 77
Chapitre 12 Le retour en Gaspésie 81
Chapitre 13 La vie dans la commune 87
Chapitre 14 Un climat de violence 93
Chapitre 15 La terreur 97
Chapitre 16 Roch-Sylvain et Ismaël 101
Chapitre 17 Les 100 coups de ceinture 107
Chapitre 18 La mort de Mathieu 113
Chapitre 19 L'émasculation de Jean 117

Chapitre 20	La visite de Francine	121
Chapitre 21	L'arrestation de Moïse	125
Chapitre 22	La vie en famille d'accueil	127
Chapitre 23	Le retour dans la commune	133
Chapitre 24	François au collège, Roch-Sylvain dans la commune	141
Chapitre 25	Un séjour chez maman	151
Chapitre 26	Les retrouvailles avec papa	155
Chapitre 27	Burnt River, prise 2	161
Chapitre 28	La consécration des rois	171
Chapitre 29	L'apocalypse	175
Chapitre 30	La fuite	185
Chapitre 31	Errance et itinérance en Ontario	187
Chapitre 32	La deuxième arrestation de Moïse	193
Chapitre 33	Le retour au Québec	201
Chapitre 34	Les premières thérapies	205
Chapitre 35	Une visite en prison	211
Chapitre 36	Entre le passé et l'avenir	219
Chapitre 37	Une première naissance	225
Chapitre 38	Les psychoses de Roch-Sylvain	229
Chapitre 39	La descente aux enfers	239
Chapitre 40	Naissance et renaissance	245
Épilogue		251

Achevé d'imprimer au Canada

Distribution : Messageries de presse Benjamin
101, rue Henry-Bessemer
Bois-des-Filion (Québec) J6Z 4S9
450 621-8167